Tarek Essaker

Les Cheminants

Récit poétique

l'Arbre à paroles

Préface

Voici la figure d'Aghar, celle par qui une humanité n'exista jamais, par qui un livre ne fut jamais écrit et un peuple de Dieu devint à jamais errant en quête du signe perdu et de l'inadvenu.

Dieu a plus d'un tour dans son sac et il lui a plu de mêler les pistes, de dissimuler le masque sous le visage, l'homme a dit alors « énigme » et il a voulu savoir.
Le village s'est fait désert, les maisons sont rendues au sable et la pierre s'est faite trace hésitante. L'homme a creusé la terre pour enterrer les siens et les faire renaître. L'homme a voulu exorciser le geste – et jusqu'au nom – de Dieu, alors la folie se fit, elle aussi, figure.

Ici, la parole ruine le verbe. Ici, le verbe dissout tout écrit. Le signe s'anéantit, les figures flageolent, figures de cire exposées à l'ardeur de la face céleste.
Alors s'élève, sans cesse renaissante, une femme enfantant par le rêve, la lune éternelle. La lune qui illumine la nuit des hommes et dissipe l'absolue clarté d'un dieu sans concession.

> *Aghar,*
> *celle qui ne connaît du jour et de la nuit que la peur,*
> *demeure la clarté dont l'aboutissement est silence.*

Elle ôte la nuit à la nuit,
au bout de son sein,
elle attend le mot d'eau qui manque.
C'est ainsi qu'on parle d'Aghar la folle.

À l'improbable sacrifice d'Abraham répondra à jamais la tendresse éperdue d'une femme interdite, Aghar. Figure.

L'humanité.

De la dissolution d'Aghar dans le désert (d'humaine écriture) émerge, figure ensablée, l'enfant, le fils légitime-illégitime qui assurera et assumera le patrimoine, le devenir des hommes, de leur possible humanité… face à la dissolution même.

Le prix payé et à payer sera l'errance au gré des hommes aussi, de leur rencontre, de leur confrontation – aujourd'hui encore. Tendons notre regard actuel vers les confins des déserts. Des hommes et de leur inquiète vérité. Il est encore un lieu de partage. « J'écrirai ton nom… »

Généalogie du livre, généalogie des livres. Toujours des figures. Bibliques, terribles, sensibles. Figures « vraies ». Il y eut *La prairie des inquiétudes*, livre d'enfance et d'adolescence de l'écriture, espace latent, espoir en construction… au cœur de la souffrance.

Il y eut *Ô Gamra*, le lieu, le moment, le statut (contradictoire) de la possibilité de la poésie… au cœur de l'impossibilité même du lieu, du moment. Installation, ininstallation poétique. La parole s'institue dans son doute et sur le devant de la scène. Gamra, figure, fille d'elle-même. Être poétique.

Il y a Les Cheminants, qui esquissent la voie, qui est la vie aussi. Livre terrible. Parole sensible qui creuse le drame d'une humanité au cœur du destin impossible d'une femme. Figure. De l'orthodoxie des hommes au viol multiple de la femme (interdite). De la geste des prophètes à la peur, à la souffrance d'un être blessé. De cette blessure émerge du cœur du désert du livre, enfin, la femme devenue intrinsèquement femme.

Qui es-tu, ô parole, ô Aghar ?
Sinon celle qui glisse
et me déchire dans mon silence.
Promue à l'océan,
blessée dans l'exiguïté de ton signe,
tu organises ton vide.
Ô, qui es-tu,
si ce n'est une tendre certitude au seuil du réel,
une vaine échéance articulée ?
Sable dépouillé de sa nudité.

se demandait Aref

Vocable parmi les vocables,
opaque au précipice de la mort,
foulée par la vérité et le mensonge,
tu demeures leur réalité inséparable
et leur refuge nécessaire.

Les Cheminants s'éloignent. Parole éteinte dans le silence du désert. Demeure un cri… infini…

Aghar, impossible nom à jamais écrit.

Vincent Lefèvre

Figures

Aghar, Agar, Hagar, Hajer, Zarga (La Bleue)
Aref, le témoin
Dieu
Les Cheminants, Les prophètes
Yaccoub, Jacob
Le mihrab : niche pratiquée dans un des murs de la mosquée ou encore sorte d'estrade indiquant la direction de La Mecque, où se place l'imam pour dire la prière

Aghar, selon une graphie inspirée de l'arabe, c'est aussi Hagar ou encore Agar dans le Nouveau Testament, servante égyptienne de Sara (ou Sarah). Trop âgée pour enfanter, celle-ci la donna à Abraham dont elle devint enceinte.

Pour échapper à la dureté de Sara, elle s'enfuit dans le désert où l'Ange du Seigneur, selon la tradition biblique, lui annonce qu'elle donnera naissance à un fils nommé Ismaël, c'est-à-dire Dieu entend, « Dieu a entendu ta détresse » (Genèse XVI, 11), puis chassée par Abraham sur l'ordre de Sara, elle erra avec son fils, répudié par son père, dans le désert où l'ange les trouva et les conduisit à un puits où le Seigneur lui annonça que son fils serait un véritable âne sauvage, sa main contre tous, la main de tous contre lui, à la face de tous ses frères (Genèse XVI).

Aghar est donc l'ancêtre des Ismaélites arabes, les Fils du vent, les Bédouins du désert, nomades et libres, dont ils se déclarent les seuls descendants. Ismaël vécut 137 ans, selon la tradition, et laissa douze fils, les chefs des douze tribus (Genèse XXV, 16). Par exemple, il est resté, entre autres, dans la tradition musulmane une cérémonie, héritée des Arabes antéislamiques, où chacun fait sept fois le tour de la Kaaba (bâtie par Abraham, selon le Coran) et effectue sept courses entre deux buttes sacrées en souvenir de la course d'Aghar, affolée à la perspective de mourir de soif, avec son fils Ismaël.

Pour l'apôtre Paul, Aghar a un fils selon la chair alors que Sara concevra elle, selon la promesse du Dieu d'Israël, Isaac. La littérature mîdrashique tardive a conservé une légende sur Sara : les païens déclarant qu'Isaac était le fils d'Aghar et non de Sara, Dieu aurait desséché les seins de leurs épouses ; celles-ci vinrent embrasser la poussière aux pieds de Sara, l'implorant de bien vouloir nourrir leurs enfants, ce qu'elle fit à la suite de l'intervention d'Abraham.

Aghar devint ainsi au regard de la tradition (et de l'histoire qui s'en suivra), la Femme, figure de la rupture, de la divergence, de l'irréconciliable, de l'errance… Ici s'ancre le récit des Cheminants.

Exergue & remerciements

Face à un monothéisme incarné dans la figure du patriarche, vérité et pouvoir absolus, sanctifiés, soumis à l'approbation de Dieu et du système patriarcal, qui ordonne le légitime et l'illégitime, le bien et le mal, Aghar, femme répudiée, rejetée, femme de la chair, considérée comme folle par la communauté dans sa remise en question de la vérité et de l'ordre, et dans le cheminement de son questionnement, subit une injustice et l'installe dans la permanence du temps jusqu'à nos jours.

Mes remerciements à...

Ziad Ben Youssef pour la fine traduction en arabe de ce livre ; **Rafika Bhouri** pour sa préface en arabe, sa postface en français et son suivi du travail de traduction ; **Léa Cornetti** pour sa magnifique illustration de la couverture ; **Dana Khouri** pour sa présence si précieuse ; **Roula Zoubian** pour son soutien.

T. E.

Livre I

Pour Hajer, il y a eu cette conversation entre dieu et l'homme…
Reste à atteindre le passage.
Ce jour-là, elle était la proie de dieu.
La face de dieu et quelques sables.
Pour Hajer, un immense silence.
Hajer, l'objet d'une réponse qui n'appartient qu'à dieu.
Aussi le nomme-t-elle : absence.
Ainsi va le temps
Ainsi vont les destins
L'absence : celle du temps
Le silence : celui qui vient à notre secours

Hajer ne regarde qu'en elle-même.
Il n'y a plus place pour dieu.

Et l'homme ? Qu'en est-il de l'homme ?

disait Aref

Une douleur à la foi, Aref, une douleur à la foi.

répondait Hajer

Hajer, tu avais une demeure dans chaque halte perdue,
tu es le centre, la source, l'eau et le sable cousus à la face de l'admissible.
Toutes les ivresses me suffisent.

disait Aref

Aref est celui qui ne sachant pas a appris par la suite.

Trois jours pour quitter la demeure des hommes,
trois jours au cours desquels Hajer doit se faire une raison,
dénouer ses sagesses,
et surtout remettre en mains sûres ses errances
avant de disparaître.

disait Aref

Par une nuit qui n'a jamais été d'été,
qui n'a jamais été celle du destin,
il y a eu le sacrifice d'Agar
avant tout autre sacrifice.

Hajer était l'agneau, la première femme.

Une ombre, assise, éveillée,
par une nuit sombre et noire t'attend
en attendant le jour.

disait Aref

Il faut parcourir le chemin
de quelque façon que ce soit.

ajoutait-il

Hajer laissait couler des larmes métallisées et disait

C'est notre poussière d'autrefois.

Elle venait du côté de l'île de sable.

Hajer, tu as été choisie pour être chassée.

disait Aref

A-t-elle eu une demeure dans ce monde ?

se demandait-il

On l'a nommée Hajer, Aghar ou Agar, l'éloignée, l'exilée.
Ton nom préside à ta destinée,

disait Aref

Le pavé du destin a creusé en profondeur
pour acquérir le mystère de ton nom,
un nom sans répit ouvert à l'exil et l'exil
pour accueillir ta part d'absence.

Déployé par le désert, ton nom demeure manque admirable.

Avec inquiétude, cherchant les prémices d'un signe
et prise de peur face au vide, tu as préféré ce qui ne peut être comblé.
Tu avances dans le manque, lentement enrobé de promesse.
Celle d'avant.
L'attente, ô l'attente.

Aghar se taira longtemps, sa mort jugera notre silence
et son sacrifice sera une croix de trop.

Aghar ne mourra pas sur la croix.
Elle marchera vers elle-même.

Elle vivra l'enfer de son absence
et l'abîme un instant ouvert fera retomber le silence.

Qui voit son frère voit son dieu.
Caïn a tué Abel.
On dit qu'il a vu Abel.

disait Aref le témoin

Aghar, femme, voici ton fils à qui toute
l'histoire sera refusée,
il habitera en face de son frère.
Un signe, un trait de la faute et de l'espérance.
On ne parlera jamais de lui.

Aghar, tu es l'autel qui manque,

disait Aref

un chemin doux à cueillir.
Un chemin pour caresser la mer.

Et chacun imagine
entendre un souvenir de sable.

ajoutait-il

La nuit remue l'impuissance de ce souvenir.

La figure d'Aghar plane sur les faces de la terre.
Elle sera au milieu des eaux.
Il a suffi d'un soir et d'un matin pour qu'Aghar
au terme d'un séjour et d'un enfantement
ajoute à l'offrande sa carence.

Aghar, lève-toi et va-t'en.

ont dit les prophètes

Sur les livres de la mer,
il y a une parole manquante,
c'est celle de Hajer.

disait Aref

Une vie à jamais apaisée
à la recherche de l'insaisissable
durablement qui demeure au seuil du récit.
Durablement ton empreinte.

murmurait-il

Les hommes avaient peur
et un silence interrogeait les lieux
pour mieux savoir de quoi il s'agissait.

Agar pleurait des larmes métallisées et disait

C'est notre poussière d'autrefois.

Elle venait de la fuite du temps.

disait-il

Les cheminants sont face à leurs propres traces, signe contre signe, face au vide et à sa vigilance.
Ils ont peur… oui peur… de voir, d'écouter, de dire et d'écrire.
Oui, ils ont peur du tracé illisible vers lequel ils convergent indéniablement.

Quelqu'un est déjà passé.

disait l'un

Toutes les traces
ne portent pas la même blessure.

ajoutait un autre

À l'étrange s'ajoute l'étrange.
Le sable file vers lui-même.
Aghar se brise dans sa tendresse.
Elle paraît attendre.
Le temps se fait éternel,
sur le chemin qui mène vers elle.
Voilà son visage et celui des hommes,
des ombres en nombre dans un carrousel de reflets.
Dans chaque visage, il y en a un autre à découvrir
et un chemin à parcourir.
L'impermanence à atteindre.

Nous sommes sans cesse le remords, la douleur,
les veilleurs de manque.
Il nous faudra habiter ce qui demeure.

disaient les prophètes

Visage et exode se croisent dans la promesse,
elle restera longtemps encore promesse.
Il nous fallait attendre.

disait Aref

Reste à attendre Hajer.

Écoute… Écoute…

m'a-t-on dit

Écoute… Écoute le chuchotement du silence
et la parole frémissante
qui vient de l'ombre et de son épaisseur !
Écoute… Écoute…

m'a-t-on dit

Écoute… Écoute la parole-énigme qui sèmera la vie
et ordonnera le désordre.
Infatigable parole.
Insoumise, elle respire pour encore frémir à l'appel de l'incertain.

Écoute…Écoute ton corps et ses signes,

m'a-t-on dit

celui qui voit, entend et sait
et ne garde de toi que l'étendue de ton absence

demeurera un corps doux d'oubli, un fruit de mort.

Si, dans le miel de son désir, les formes ne te suffisent pas,
alors ne le crie pas en vain.

Écoute… Écoute le peu de l'histoire qui reste de nous.
Écoute la rencontre avec la voix
qui ne te dispense pas de la plainte.

Et maintenant que tu le sais, que tu as écouté,
que tu as marché dans la voie du récit
et que tu n'oublieras pas mon visage et celui des autres,
tu apprendras, comme l'eau,
que ce qui t'attend ne sera ni l'ombre, ni la clarté, mais cette rencontre,
cette passerelle d'où surgit brusquement toute chose soudaine, étrange et incertaine.

Écoute… Écoute…

m'a-t-on dit

cette passion douce-amère qui te parle de toi-même
et de ce que tu aurais pu être ou de ce qui fut toi.
Il y a bien plus encore.

Écoute… Écoute…

m'a-t-on dit

on est venu t'arracher à ton nom auquel nul ne répond.
Ton nom, terre à venir, rêve perdu qui vient battre les syllabes de l'existence.
Écoute et vois les passeurs de mots,
ceux qui épient les deux rives de la question
quelque chose sur leurs lèvres s'est égaré.
Dans les commissures de leur geste quelques signes errent jusqu'à la dissolution.

Écoute le miroir qui se tait et garde de toi le reflet de sa parole.
Que ton règne soit :
Chemin, visage, passerelle, chapelet,
silence, voix et distance, désordre et sommeil pour que tu te souviennes.

Écoute… Écoute le visage qui frappe à ta voix
pour que le chemin soit accompli pour toi.
Ici, sur cette passerelle, finissent les désirs inaccessibles,
la parole impossible.
Ici finissent l'insomnie de la folie et la présence de dieu.
Tout finit ici.
Peut-être que l'exil glissera entre toi et toi ?
Peut-être que la nuit bercera ton jour
et viendra sceller à tes rêves l'absence ?
Peut-être que ton corps t'indiquera
les prénoms des désirs que tu fuis.

C'est alors que tu écouteras retentir en toi
quelque chose à garder telle une promesse d'éternité.
Et puis, il y a le temps !
Et si la création n'était que l'écart entre l'image et son rêve.

disait un des cheminants

Aghar, terre lointaine
tu marches vers dieu
vers le bas du sable

Mais qu'en est-il du chemin
un psaume de nuit
une alliance nue
Tu as pris auprès de toi, l'errance

Voici dieu, voici l'homme
et voici le désert

Ce fut un matin
Ce désert pour seule monture
Un puits fut creusé
Un autel fut bâti
Elle habita face à ses frères

Vers le midi de ta poussière on te garda
ce lieu sera la dîme

L'homme regardera sa face
et l'autre sera témoin

disait Aref

Les premiers mots sur les cercueils
Les premières gouttes sur les linceuls.

Mais qu'en est-il de celui qui dans la nuit
surgit de la présence
sans couleur – douleur première –
sa présence liée à sa race d'homme

Vêtue de la couleur de la terre
de la chair du chemin
la douleur a façonné la croisée de ses pensées

Au milieu du regard, il n'y a plus de regard
au milieu de la nuit, il n'y a plus de nuit
au milieu de la lumière est l'étonnement

D'un côté du monde, l'exténuation des formes,
de l'autre, elles n'ont cessé d'avoir cours.

disait un prophète

À la quête du reflet, le nom cherche son visage.

disait un autre

L'autre égale au silence, l'inviolable pureté de l'aveu.

Les murs en nombre s'ajoutent au nombre.
Quoi que tu saches, Aghar, tu as vu naître la mort
En transparence, le feu éblouit celui qui s'égare.

Ses cris sont des chemins que nous traversons
pour nous-mêmes et pour elle du lointain au lointain,
nous portons son histoire au sein de la nôtre, au seuil de la nuit abyssale.

disait-il

Nos portes sont ouvertes aux cris,
dans le puits que tu vois là-bas, nous avons laissé nos nuits
seules, veiller la folle.
Elles nous brûlent au visage.

disait l'autre

Elle nous demande souvent de l'emmurer avec la mer.

Elle nous racontera l'histoire de l'étoile qui file vers elle-même.
L'océan qui galope dans l'océan.
L'histoire du corbeau qui erre dans l'encre des voix, qu'elle est nous-mêmes dans les marges des mots.

ajoutait un autre prophète

Il n'y a rien de plus immense que le ciel de ton ciel
et combien te faudra-t-il de ciels pour atteindre le rêve qui te porte ?

disait-il

Visible était la douleur de son ombre,
il reste de l'ombre en nombre à connaître, à démêler.
Visible était son dos, temple hospitalier sous un ciel granuleux.
La nuit, elle s'obstine à luire, aucune voix ne parvient à l'atteindre.
Les traces de poussières n'ont rien perdu du tourbillon.
Aghar oublie encore de saisir le haut et palpable souffle.
Cela s'ouvre et se referme à l'heure du retour.
Lentement cela s'ouvre, lentement cela se referme.

Qui s'inquiète ?
Le hululement du vent face à l'œil désespéré

autour d'une terre de larmes.
La nuit noire
tombe là-bas.
Là-bas gît un cri.

disait Aref

Rêver ce qui est indissoluble
Le rêve apparent macéré de rêve
Ce qui au bout du regard, s'achemine vers un long silence
Toucher du regard ce qui bute au regard l'espace illisible
de guérir

On enterre le rêve comme on enterre le cri
Un empire de désir, un champ d'illusions
Entrelacement admirable de rêves juste pour endormir
la misère

On atteint la rivière, ruissellement douteux d'eau
Faudra-t-il laisser flotter les ondes
Eau contre eau, eau jalouse de son propre mystère
flottant entre dire et silence, entre signe et écrit

Effacement de la trace, de la lettre,
seules capables de voiler le désordre

Les villageois prétendent que les mauvaises graines
plutôt que de pousser, meurent

Aussi, ils enterrent les fous,
soit ils renaissent normaux, soit ils disparaissent.
Un jour, ils ont enterré Aghar, histoire
d'assister à une nouvelle naissance.
Depuis, jamais plus le village n'a connu pareil silence.
Silence qui accentue le silence.
Silence qui prolonge le vide et ne conduit nulle part.
Mort dans la mort.
Les villageois abandonnent l'enterré au cimetière pour
aller en chercher un autre plus loin et…
Que d'aveuglement, d'ignorance et de vaste folie !

Dans l'ombre siègent des visages ondoyants
et les roses d'ignorer les miroirs.

murmurait l'un des prophètes

Ainsi, il y a encore la folle
Elle griffe le noir
qui ruisselle aux alentours
De sa gorge coule une voix sourde
sans teinte ni timbre, filetée
où sommeille l'étrangeté
Brouillard de poussière

émanations étrangement noires de patient amour
Peut-être un jour, vous, qui traversez
le cimetière et venez de l'ombre
allez croiser une jeune femme
enveloppée dans un linceul coloré,
les épaules dénudées et tatouées,
des colliers de pierres autour de son cou pâle
Ne vous dites pas que c'est une femme répudiée
ni une folle errante
Si elle vous tend ses bras meurtris
ne lui demandez pas son nom
ni la terre d'où elle vient
Ne la renvoyez pas à son tombeau
Pour avoir attendu une étrange annonce,
elle est la lune aux ailes éblouissantes
sans jamais s'essouffler.
Elle attend l'envol des oiseaux
et le lointain scintillement de la rosée,
un étrange sourire à la bouche.
C'est l'heure, l'heure où le cri de la folle
cherche à se faufiler parmi les soupirs.
Parmi les battements des pleurs,
entre mon visage et celui des prophètes,
Aghar, ta présence suffit.
Entre nuit et silence,
la rivière de tes jours ravive les fleurs.
Ils attendent, dans l'autre nuit, la leur,
le mystère de tes lèvres, en patience.
Arrêtés dans leurs vies,
ils espèrent voir brûler ta parole.

Parole, vitre ouverte au reflet du vrai,
si écorchée dans leur jour,
si éclatante dans leur lumière.
Tarde le silence, ce berger de sagesse,
un mirage d'eau et de blé, juste une vision.
Tarde de découvrir la nuit,
cette chose nocturne et flottante.
Ô stupeur,
voilà que tu t'imagines devenir folle,
on dit que par destin,
tu étais vouée à la folie.
Tu surgis du néant pour lui donner vie
le faire aimer et caresser.
Le temps ne se mélange pas à ton temps
et quand il fait halte,
il ne se détourne pas de notre temps.
Ton soleil s'écroule et on se perd
dans tes lumières de folle,
on s'égare dans tes histoires de folle.

La folie n'a pas de visage,
nous avons noyé son paysage
au cœur de notre raison.

ajoutait l'un des prophètes

Il suffit, comme tu l'as jadis fait, Aghar,
d'écrire sur les planches de son cercueil.

Inscrire son nom et couvrir son corps
de la plus petite motte de terre nomade,
d'une poussière vagabonde sans vent.
Des pleurs avancent et emportent
le chagrin de nos étrangetés.

Voilà qu'elle s'assoit près de la source, près du puits et crie.

Eaux, ne m'attendez pas, je suis le retour,
le souffle ondoyant des pierres,
eaux, ne m'éclairez pas le chemin,
je suis à la trace de ceux qui ont oublié.

Dans ce voyage, un visage me guide
vers l'eau pâle du matin.
Sous l'œil qui garde la clarté des petites choses,
le sable s'arrache au vent
et les humains distinguent les chemins.

disait-elle

Chemin de fossés et de ténèbres
Tu disais

Il faut que je voyage, que j'erre dans le silence des pierres
– que je rêve d'être rêvée –

à la recherche d'une histoire qui leur permet de vivre.

As-tu eu ton rêve, Aghar ?
As-tu goûté à leurs rêves, Aghar ?
Les prophètes disaient que de temps à autre,
tu disparaissais derrière la lune,
qu'elle était un sentier brûlant
qui demeurait ouvert à ton corps.
Au fond de mon lit, je tourne mon visage
vers les lumières de ta folie
à la recherche de ce qui me permet de vivre.
Au soir, Aghar,
tu es une barque qui monte au ciel.
Seule au creux de ma main, tes cris s'immobilisent.
Ma main est vaincue par le temps.
Ta solitude me réinvente,
tes cris contaminent ma raison
et ne s'éteignent pas dans le sommeil.
Ta folie ne me quitte pas, elle a emporté
mon attente dans les ruines de l'univers.
Tu as la forme du vent.
Tu es les pierres lancées
contre la face de l'univers.
Demain, le silence glissera sur l'abîme
de nos croyances oscillantes.
Dans la blessure et sa parole
constamment menacées,
seule l'absence est appelée.
Nous ne pouvons qu'être la négation

de l'autre et de quiconque.
Nous n'avons rien de commun,
aucun lieu ne peut être le nôtre.
Obsession que d'essayer de suivre un parcours.
Quelle raison peut-on avoir
de quitter ses propres interrogations ?
Peut-on approcher – encore au plus près – le silence des toits ?
Peut-on approcher – au plus tranchant – le regret ?
J'ai rêvé de te connaître, Aghar l'étrange.
Entre l'espoir de vivre et le désespoir de naître,
il y a eu ta présence.
Il y a eu ton absence émerveillée et aussi proche.

Dans ce récit,
peut-être que toute croyance a perdu tout pouvoir d'accueillir,
peut-être même que la folie nous a désertés !

disait l'un des cheminants

La forme du reflet soutient le monde.

ajoutait un autre

Yacoub disait

Je suis la source et dieu y était,
il contemplait son visage à la surface de l'eau
et demandait à la femme.
« Femme, vois-tu ma face ? »

et la femme de répondre
« Non, seigneur,
je ne vois que le fond
parsemé d'ombres. »

et dieu d'ajouter alors
« Annonce aux hommes
que je suis sans visage ! »

et la femme d'annoncer aux hommes
que dieu est absence.

alors le seigneur appelle
« Femme, entends-tu ma parole,
celle que j'ai édifiée
pour te servir de demeure ? »

« Seigneur,
je n'entends que ton silence,
dans l'ombre de ta parole
s'interroge le chemin. »

« Alors, annonce aux hommes
que dieu est la caution
de toute parole. »

et la femme d'annoncer
« Dieu est abîme, parsemé de solitude.
Clarté et ombre
dans l'attente de la création,
cendre illisible que la face enivre.
Silence sans silence.
Oublis qui damnent d'autres oublis. »

dieu rappela une seconde fois la femme à lui
« Souvenir innocent,
éternel lieu d'exil,
vois-tu cette demeure,
ces images, ces souvenirs,
ces jeux d'ombre et de lumière ?
Tout est l'œuvre de ton seigneur. »

sans geste, sans bruit, la femme a dit
« Ma pensée est éblouie
et ma question n'a de lisible
que dans l'ombre
d'autres questions à venir. »

« La lisibilité est sans conteste
celle de l'homme.
Le seigneur n'est lisible
que dans l'illisibilité qu'il s'accorde.
Image ancienne.

Image sans visage. »
disait-elle aux hommes

...sans espérance, l'Infini, infini.
L'accomplissement du tout et du trait,
l'Inconnue mesure de la limite.

disait Yacoub

et la femme d'ajouter
« Le sable ignore le désert qu'il contient,
les vagues sont les mots des océans
et leurs blancheurs ne suffisent aux mots. »

« Peut-être que vous dormez, seigneur ? »
disait la femme

« Qu'est-ce que le sommeil,
sinon mon écriture ! »
a répondu dieu

et la femme d'ajouter
« Il n'y a de sommeil que dans l'absence de dieu,
il n'y a de lieu que dans l'absence du lieu. »

dieu a affirmé
« Le désespoir de l'homme
est de ne pouvoir échapper
à l'image de dieu. »

Dans les versants de la parole, l'homme s'agite,
entre silence et vide.
La douleur ne décrit que sa solitude.
Somme toute, il édifie son attente.

Le ciel devance le silence
et la parole interroge la parole.

disait Yacoub

et la femme de répondre
« Le lointain aime l'infini horizon,
un champ flottant dans l'attente d'exister.
Un instant vide de ciel et de terre
telle est l'image de dieu. »

« Rendre l'instant
à sa demeure éternelle,
n'est-ce pas une blancheur
vierge du noir à laquelle on se soumet ? »
répondait dieu

L'ombre délaisse la lumière pour plus d'ombre,
la parole délaisse le silence pour plus de silence.

Ne pas croire au dieu du village
fait prendre des risques.
J'ai marché dans la nuit
pour chercher un abri.
Comment continuer à dormir
dans un endroit aussi hostile ?

disait la femme

Nous serons semblables dans la peur et la mort
et serons à l'assaut d'une nuit appelée dieu.
Dieu est une nuit d'automne.
Il n'y aura plus de jours qui se lèvent
sans s'éteindre ni d'espoirs
qui se construisent sans silence.
Nous admirerons la lune en extension
et nous aimerons les cieux qui hurlent.

Nous chanterons l'absence de dieu.

murmurait Yacoub

et la femme de conclure
« Je manque à ma vie
et que faire de ce jour,
briser la raison peut-être !
Faire du ciel une révolte étonnée.

Pauvre raison !

De jour en jour et de deuil en deuil,
les hommes avancent vers la vérité de mourir,
de s'achever autant que de fleurir. »

Ces histoires errent ainsi portées par leur propre volonté
et celle des prophètes, elles ne s'effondrent
et ne meurent
que sur des terres étrangères.
Ces êtres,
comme pour ne jamais se laisser dominer,
se consument dans leur propre histoire,
des âmes en migration.
De l'exil à l'errance, des naissants qui s'unissent
à des morts pour peut-être accomplir une
œuvre inachevée.

Chaque jour qui se lève
est pour les hommes et leur histoire
une nouvelle halte.

Dialogue dans l'ombre.
Désormais, l'arrière-scène est occupée
par les mêmes arrière-hommes.

Les histoires taillent l'existence,
tel le tailleur de linceul
quand il est à l'œuvre.

De ces cheminants, comme pour accompagner
le plus loin possible le dernier des fantômes,
incapables de profaner ce qui demeure sacré
et le garder jalousement comme un joyau.

La nuit règne sans eux.
Ils sont partis, ombres attentives,
pensent, imaginent
et rêvent leurs destins souvenirs.
Ils veillent les faibles lueurs de l'oubli.
La parole leur sera refusée
et la torche vive des mots se consumera
aux tréfonds de leur blessure.
Le chemin a pour trace lui-même
et l'infini trait du vide.
Une fin souhaitée sans réponse
où luisent des pas.
On pouvait lire sur les suaires des mots,
la ronde des ombres.

La ronde des ombres sans nom,
ni profondeur.

Chapelet de tombes toutes ouvertes,
haletantes et remplies de sable.
Elles avaient pour se reconnaître besoin de leurs visages.
Mais comme le sable au sable, ce soir-là,
la clarté manquait à la souffrance.

Un désert d'yeux, au creux des yeux.

N'est-ce pas ici qu'éclot la rose sur des pétales étonnés.
N'est-ce pas là que l'arbre écoute l'ombre.
De la lumière à la lumière, la nuit exigeait la mamelle du jour,
la blancheur de ce jour.
À ce jour, les cheminants ont marché le long de l'absence,
si vastes étaient les marges du silence,
les rives de l'errance les liaient aux chevilles de l'histoire.
Ils ont atteint le nid de la soif où coule l'eau sacrée,
ils avaient trop peu de temps et ils ont taillé à vif dans les failles des sables,
taillé dans le corps de la folle.
N'est-ce pas là leur prison.
Ils ont pris congé de leur récit et ont puisé dans la terre,
la terre qu'il faut.

Aghar, tu chemines vers le Mihrab.
Une marche lui manque,
c'est la tienne, Aghar.

Eux, ils buvaient aux vides en silence.

disait Aref le témoin

La même folle, la même femme.
Les mêmes secrets enfouis dans les plis de son corps,
abondent au travers des hommes
pour la même enfance et les mêmes lieux.
Comme le vide qui appelle le vide, les tiroirs, les tiroirs,
elle se laisse deviner et nous invite à l'errance.

Là-bas en bas.
Était-ce un homme ? une femme ?
Une silhouette.
Une tache d'ombre qui s'éloigne – s'approche.
Lumière qui s'écroule – se sclérose et se trompe d'objet.
L'ombre s'éloigne, contourne la solitude de l'image.
C'est alors que là-bas en bas,
l'homme, la femme ou la silhouette commencent
à rêver.
La nuit, il-elle s'aère et boit à la source de toutes les essences.

Ce qui lui a été offert, lui était dû.

La mémoire passée ou à venir n'était
alors que délire.

Combien faudra-t-il à l'homme-femme sans visage, sans silhouette,
misérable là-bas en bas, de fragment de désir,
de temps pour se défaire de ce que ses yeux ont vu
et douter – à haute voix – du phosphore
de la ressemblance ?

Vois-tu un arbre qui parle aux arbres ?
Un homme ou une femme
parler aux pierres et pour toutes les pierres ?
À chaque ciel se nouent mille ciels.
Dans la parure de ses yeux, sans cesse,
un miroir emporte si loin la silhouette.
Était-ce une silhouette, était-ce un portrait,
était-ce Aghar ?

L'ombre palpite au seuil.
Sans visage, subsistent ses yeux animant les sources des cimes.
Bras ouverts, son regard féconde la poussière de la mort.

Noir, jour et nuit, elle et le ciel.
Dépeuplée de rêve, se gâchant d'étrange éternité, sans existence, ni raison,
cette silhouette dans l'ombre d'un homme s'interdit le rêve qui lui est dû,
arrache les nuits à son désir et se nomme pour oublier.
Sans candeur, ni fureur, elle se détourne d'elle-même et s'incinère.

La lumière la dissout, là-bas en bas
et la parole l'abandonne
aux étendues de l'alphabet.
Nichée d'énigmes.
Soupirs étouffés dans des tiroirs de souffrances.
Insaisissable lieu.
Là-bas, nécessaire silhouette.

On n'atteint pas l'autre, Il nous atteint.

disait Yacoub

La pierre, le sommeil, la voyance,
dialogue dans le sommeil entre homme et pierre.

Un horizon orange, mauve, violet et jaune,
un cimetière d'un violent éclat de lumière,

des tombeaux aux mains tendues vers la perfection du silence.
Des montagnes qui nous opposent aux frémissements de la nudité
– et la mort qui nous sépare.

Et ces maisons très basses, évanouies
dans les paumes des mains, pas si loin de là.
Dans le nid de ses yeux se tient une pierre.

Un soleil d'or et d'inceste insiste à dormir
dans la couche du blé qui s'absente dans l'envol des épis.
La lumière brûle au fond des visages retournés.
La terre errait dans le noir de la terre.
Inscrire, assembler les noms, les destins,
et les pierres sur les cimes de ce corps hanté de poussière
et croire en des miracles.

Qu'en est-il de toi Aghar, poussière de poussière ?
Lequel de nous a précédé l'autre dans l'errance ?
Peut-on errer hors du chapelet,
hors des cinq doigts de la main faiseuse de sort ?

disait Aref

Sur les fondations du destin,
je vois la femme protectrice de la destinée,

signe penseur du corps qui se cache à dieu et son alphabet.

Signe immobile
dans l'emblème de l'écriture
et qui trouve sa ressemblance dans le devenir de la lecture.

Qu'en est-il d'Aghar, cette silhouette ?

disait un cheminant

Les montagnes ne nous séparent pas.
Elles nous lient à d'innombrables mémoires et à des humains proches.
On entre dans la mémoire comme on entre dans les montagnes,
une griffe dans l'horizon.

Un vide dans le visage qu'on cherche,
une absence dans l'au-delà du versant.

disait un autre

Écouter, voir, sentir au cœur de ce qui meurt.

Dans sa mémoire d'enfant
la lenteur de la parole s'en est allée à se confondre à l'oubli.

La mémoire où je te cherche,

disait-il

est une montagne sans arbre, forte comme le temps.
Tu es près de moi, tu survivras à la montagne dont chaque sentier est un abîme nomade.

Je vois se déformer la montagne et tu es la cible du temps.
La nuit, debout, te rejoint.
Tu peux te libérer de ton visage.
Je te conduirai au sanctuaire de la mémoire.

ajoutait-il

Avec ton invisible terre,
tu seras dans la mer, dans la résurrection.
Pour la traversée de la mémoire,
tu douteras.
Pour chaque vague, un sommeil.

Corps mutilés, têtes décapitées, la peur nous habite

et nous prend à la gorge.
À l'instant où on entend chevaucher son cœur, nous continuons à tourner.

disait un autre

Tu ouvres la mémoire avec un cœur mutilé,
un corps si usé qu'il ne peut tenir longtemps.

continuait-il

Les seuils des heures, la roue des blessures, grimpent la nuit.
Les cris poursuivent celui qui les a quittés.

ajoutait-il

La douleur de la folle Aghar,
sa démence sont la teinte d'obscur vibrant.
Le cri éveillé la mutile.
Voilà qu'elle se déplace, parle et dort, gesticule et perce l'ombre des matins.
Elle embrasse le temps
et recommence chaque fois un peu plus tard
à hausser les épaules.

Il suffit à l'évidence d'être,
évidence pour que le cri domine l'infini.

Aghar, est-elle réellement folle ?
La maison basse là-bas en bas,
visible dans le lointain, avec son toit blanc,
redoute la hauteur et domine les environs que nul n'emprunte.
Comme l'ombre,
elle teint le sommeil de ses mains
et les arbres se dissimulent sous ses ailes.

ajoutait-il

Aghar parle, crie et recommence, fragile et hésitante.
Le silence vieillit dans ses yeux.
Elle ressemble à une branche d'olivier desséché.
De loin, son cri se laisse entendre
et résonne
au creux des poitrines des habitants.

Mère,

disait-elle

je te reconnais à la douceur de ta voix,
aux rosiers de ton regard
qui ne cessait de caresser ma silhouette jadis.
Chaque visage est un paysage de douleur.
Chaque paysage erre, imprenable sans souvenir.

Ces paysages sont plus vieux que nous.
Nous n'avons retenu entre jour et nuit que les quelques haltes.

Qui es-tu Aghar la folle ?
Tu es la nuit et tu marches vers ton nom,
Aghar la bleue, qui es-tu ?
Le regard te manque, toi, qui es son désir et son souffle.
Tu es plus ancienne que la maison basse,
plus vieille que le jour.

elle disait

J'ai demandé à la clarté un signe de ses yeux confus.
Patiente, Aghar, l'oubli a égaré ton récit.
J'ai de toi la blessure, et de l'absence, la pudeur.

À chaque fois, je fais le tour du village et le trajet de mes yeux.
Mon chemin est toujours à trouver.
Il sera très peu question de moi.
Rien ou du sable, un sable fou et dansant.

Ainsi, nous sommes le même sable, le même tourment.
Nous étions des abîmes,
des parcelles de ghetto que le songe colore et déploie.

concluait Aref

Mère, ils sont venus,
ont frappé violemment à ma porte
par une nuit qui passe.

ils dirent

« Ouvre cette porte, Aghar. »

« Qui frappe ? »
demanda Aghar

« Ouvre ou nous démolissons cette porte »

Dans les mains de ces hommes, des clés, mère,
chaque clé était différente de l'autre.
Et il y avait le silence.
Ils sont venus de la terre.
Autour de moi des fracas brusques, puis des prières.
Mon corps était devenu leur corps.
La nuit était sur mes joues
et la clarté de la lune sur leurs chevelures.
Ils ont fouillé partout, mère,
ils disaient qu'ils étaient les héritiers du ciel,
de la parole, du rire,
de la folie, de la chair, de la mort et de la vie.
Je vous donnerai mes paroles et mon dialogue
dans le silence.
Je leur disais que j'étais fidèle aux roses de mes cris,
que je contais mes cris, et l'histoire de l'olivier

qui m'attend.
Ils ont dit que j'étais la chute de tout, l'oubli de l'arbre
à son ombre.

Elle hurlait sur les routes, mendiait auprès des riches,
et brandissait violemment son corps.

Il n'y a pas d'arbre pour le corps meurtri.
Il n'y a pas de chevelure pour le matin qui abdique.
Il n'y a pas de trace pour le blanc du silence
ni pour l'envol de son visage.

Ager, je t'ai laissée près de l'olivier qui attend et le puits
qui s'épuise.

Quant à tes yeux, Aghar, autour de nous,
ils se penchent vers la lumière des fleurs.
Tu es seule, tu es l'aile.
J'ai vu des mains tendues ramassant des miettes de ciel
pour se nourrir.
Tu vis l'amour ivre d'une parole berceuse.
Qu'en sera-t-il de tes yeux qui trouvaient les cœurs ?
Tu recommences à souffrir
avec le dernier vent.

Aghar, je vis entre des cris semblables aux tiens.
Ce sont des fleurs qui fanent.
Je parle pour toi et pour moi.
Pour le rayon humide de ton heure.
Nulle part on ne s'inquiète pour toi.
Je parle pour ta vie et pour ta mort.

Le silence enveloppe les environs
et nous vieillissons en figure de bronze.
Les matins ont des raisons de croire.
Écoute arriver le matin
et les battements de ces tentures.

Le regard n'a pas de tiges.
Regarde l'ombre, Aghar.
Elle couche à tes pieds.
Tu déplaces les rêves dans un ciel reclus,
celui-là même qui a l'âge de nos peines.

disait l'un des cheminants

L'aube des peines se veut pacte.
Une blessure fatale qui se lève et se couche avec la lune.

Regarde son visage,

disait-il

un visage qui habite nos blessures et nos rides.
Regarde ce corps, c'est en tremblant
qu'il avance peu à peu dans nos corps et habite
nos plaintes.
Il est rejeté et écarté de nos chemins, puis rappelé par eux.
Étrange présence qu'on s'acharne à oublier.
Une présence détachée de nos traces.
Un œil au-devant d'un silence.
Un mot précipité dans la nuit.
Elle est prête à nous brandir aux visages,
à nous poursuivre,
à nous parler au nom d'une mémoire.
Elle sourit et l'on dit d'elle
    Elle est celle qui erre
    d'un visage à l'autre.

concluait-il

Ah ! nuit, tu te baigneras
dans la transparence blessée de l'œil.
Chaque œil nous aide à perdre la nuit.
Aussitôt rejetée,
la tristesse se lit à la fin des temps,
comme dans la pierre, vivante dans le songe.
Nœud foudroyé d'éternité
afin d'atteindre la détresse.

disait l'un des prophètes

Ah! nuit, commencer, recommencer, un parcours de cristal.
Notre plus large abîme.
Une longue nuit qui porte en elle le deuil de la durée.

Oh! combien de parcours en parcours,
comme s'il s'agissait du même,
chaque plainte avait la voix de la rose,
la voix connue du vide majestueusement absent.

ajoutait-il

Parcourir l'éternité,
prendre garde au jour,
miroir habile de l'oubli.

Vivante par ma voix,
un œil vide,
un rivage absent.
Je t'ai reçue telle une foudre, Aghar.
Elle brûle dans un feu d'absence.
Les larmes ont fait main basse sur les rides.
Sa vie fut écrite avec une soif cristalline
déchirant une nuit dressée pour périr de ses fantômes.
Tous les chemins cheminent à elle et reviennent vers elle.

elle chantait souvent

Graine de sable,
tu as donné ton nom à dieu,
tu as plus d'un visage.
Ma nuit fut choyée
depuis l'origine.
Une graine de sable,
la mienne.
Tout droit,
il faut aller droit à la blessure.
L'arbre meurt, la terre cède.
Et je marche, survole
les diverses formes des ombres.

elle disait souvent

La mort du cri, mon cri et celui de l'autre en mon sein,
celui de l'homme,
du cri qui fut sa voix, de l'absence qui fut sa voix,
de l'herbe qui fut sa voix auprès des étoiles.
La mort a soupiré sous ma peau,
a craché une plaie de dieu qui vient vers moi.

Je me souviens,

reprenait-elle

ce matin-là, mère, avec tes cheveux en feu, avec tes mains de terre,

faisant halte dans mon corps
pour m'arracher à ce cri blême.
Ta main,
en passant au travers de mes entrailles,
ressemblait à un silence sombre qui meurt dans mon souffle.
Mon silence était une étoile dont je baisais le front.
Et ton silence, mère, était un cri limpide.
Le cri que tu avais retiré de mon corps
avait un corps semblable à la saison des cendres.
Il était nu.
Avec ta main
qui s'est portée volontairement à sa bouche
pour étouffer son souffle, tu m'as vengée.
Non, mère, je ne retarderai pas l'échéance,
je porterai ma main à la bouche de chaque cri qui pointera de mes entrailles.

Chaque cri avait débarqué d'un silence à la mesure de l'univers.
Chaque cri avait son visage.
Chaque visage était marqué de son ombre.
J'ai installé entre moi et mes cris une distance abyssale.

Aghar suivait les pas
de toute personne qui la précédait,
s'arrêtait quand elle s'arrêtait,
inquiétée par sa présence.
Elle se figeait comme la glace

quand elle la pourchassait,
de peur qu'elle ne l'agresse.

Elle avait un visage effacé,
qui trahissait une nostalgie, blessée,
un miroir de lumière.
Visage enlaçant d'autres visages.
Souffle absent rivé à la lisière
d'autres souffles craintifs.

elle disait

Je suis le cri, folle au seuil du cri.
Ce lieu où tout se dit, mes cris se disent.
Quoi de surprenant,
ce sont des corps que je retire de mon ventre,
ils revendiquent un nom.
La mort a été ma confidente.
J'ai appris à mourir, et me taire.
Peu à peu, j'ai appris à faire taire mes cris,
ceux-là même
qui remuent dans mes entrailles.
Quand les ai-je tués ?
Des cris aux ailes blessées,
cris que j'ai étouffés de ma main.
Ainsi la mort a fleuri dans mon corps.

L'année des sept lunes,
Aghar tranche d'absence,
son regard désespéré
pointe les marges du ciel inanimé.
L'absence chante dans ce fond où le cœur a cédé.
Aghar s'offre la chance de survivre là où elle n'existe plus.
Elle vit dans un miroir.
Dans les marges souterraines des sept lunes.

Vent, libère ton souffle !

hurlait-elle

Le vent, la plaine, la mer, les murs, puissent-ils de leur parfum
emporter ces regards, engloutir ces cris !

Je glisse,

disait-elle

dans la cécité de ce qui fane.
Je parle à ce qui rarement fleurit dans ces contrées.
Dans l'ombre, dans l'obscurité, les hommes,
au coin des rues, sillonnent mon corps de folle de part en part,
ils plantent leurs cris au sein de mon ventre.

Je perds mon temps à arracher ses hurlements.
Te souviens-tu, mère ? Je t'ai vu faire.
Tu avais introduit ta main dans mon ventre
en chantonnant

Que l'oubli ne soit que pierre
n'égalant les humains
Aboyez meute d'enfants
je ne parle qu'à ce qui fleurit.

Elle est au milieu de mon silence.
Le livre s'ouvre sur le néant
et le désert sur l'absence du temps.
Temps et livre sont écritures sur le sable.
Ce que nous retenons,
ce sont les traces de ce qui a précédé.
Écrire la trace qui, déclinée,
nous livre à l'ombre de la mémoire.
Rivée au matin de la voix,
elle fut piétinée et violée,
à son visage s'attelle l'exil
et se fonde la mer.
Une mer sans trajet scellée
à l'ombre blanchie de la plainte.
Le silence se déchire face au miroir,
dans les dédales de ce même miroir,
la plainte parle par la bouche
de la majuscule et lui donne

le vide de son absence.
Promue à l'océan,
blessée dans l'exiguïté de ton signe.
Tu organises ton vide.
Une tendre certitude au seuil du réel,
une vaine échéance articulée.
Sable dépouillé de sa nudité.
Vocables parmi les vocables,
opaques au précipice de la mort,
foulée par la vérité et le mensonge,
tu demeures la réalité inséparable
et le refuge nécessaire.

Mère,

murmurait Aghar

ils disaient
qu'ils étaient tous les prophètes réunis et le temps.
Que la naissance de l'enfant était proche,
ils brûlaient l'encens et lisaient
dans les arbres l'alphabet de la nuit.
Ils retiraient du puits son eau,
se lavaient et priaient
dans l'attente de l'avènement de leur secret.
Je marchais vers le puits du côté du vent.
Mon enfance avait deux lunes et un puits.
Une lune sur les hauteurs environnantes.
Une lune dans le puits,
elle traîne sur la surface de son eau.
L'olivier m'attend, mère,
et je ne voulais de mon enfance
que ses deux lunes,
je voulais toucher des mains
mes matins absents,
il n'y avait pas de nom pour l'étoile filante
comme pour mes matins.
Je voulais une colombe, je voulais
toucher de mes ailes la douleur filetée.
Ils disaient qu'ils étaient de passage,
qu'ils étaient le silence qui guette le monde,
et l'absence
qui protège les branches de l'olivier.

Ils viennent du même arbre
pour le même oiseau,
Aghar, tu viens d'écouter ma voix morte.

disait l'un des prophètes

Semence de nuit,
la folie est au milieu de la lune.
La lune serait-elle en toi ?

disait un autre

Aghar, c'est au milieu de ma vie
que le ciel a le visage torturé de la lune.
Qui es-tu ? Sinon celle qui meurt.

ajoutait-il

Saches que ma chair réclame mes fils
et la fleur cueillie
l'heure du plus profond rêve
menace la nuit.

murmurait Aghar

Qui es-tu encore Aghar ?
Sinon l'être que je suis,
toi, qui me poursuis,
toi, qui m'échappes,
toi, qui erres en moi.

disait-il

Le visage d'Aghar est sillonné d'absence,
un front et des joues écaillés,
une figure d'enfant
trop sculptée par le temps.
Temps après le temps.
Un visage de cendre,
qui se meurt dans un silence effrayant.

disait Aref

Ainsi au plus haut moment du cri,
le regard d'Aghar la folle se brise
en d'innombrables îles de souffrance,
inaugure la mort et se pare de sanglots.
Assise au palais de l'oubli,
elle s'agrippe au jour.
Elle remplit sa main de sable,
les yeux ouverts, écarquillés,

décrit des cercles avec ses bras et murmure

la main dessine l'invisible
la main voit et se souvient
lueurs sans lueurs
blancheur sur blancheur

Survivre au bleu, au vaste blanc
et au vent de la croyance,
passer outre les cimes du vrai et du véritable.
Installer le doute dans le supposé.
Inventer le mensonge, créateur du désordre.
Rétablir la peur, source de toute chose,
peur de nous-même et de l'autre,
de nos amours et de nos solitudes.
Faire voler en éclat la différence et la mêmeté.

Il m'est interdit d'aimer.

disait Aghar

Je nomme ton visage.
Je rêve ta silhouette éperdue
Je trace ton vide
comme on empaille un animal.

Un oiseau, tu étais.

disait Aref

Au bord de ce qui manque,
tu signeras ta présence de lucides arguments.
Mais faut-il que tu nous rappelles qu'on a existé,
qu'on a foulé l'herbe de l'azur, tristement manquante,
tristement obscurante
aussi vrai que la vérité qui nous sert de mensonge et de rempart.

disait un prophète

J'ai vu dans tes yeux
les cimes de l'au-delà de l'aube,
des anneaux sublimes, argentés,
luisant de méandres et de doute.

disait Aref

J'ai marché vers elle
dans le silence du temps.
Je marchais vers elle
dans la mémoire des autres.
Elle fouillait de la main

le sable et les pierres.
Elle se grattait les cheveux, fouillait dans le sable.
J'attendais, l'observais
tapi dans l'ombre.
Elle était aussi silencieuse que l'oubli,
aussi gracieuse que les étoiles
qu'on ne peut atteindre,
aussi taciturne qu'une maudite lune
vouée à l'indifférence,
aussi douce que la douceur.
Ces gestes hésitants, effrités,
aussi maladroits que pénibles
donnaient à réfléchir sur son effarement,
sur sa frayeur de vivre et d'exister.
J'étais à ses pieds
comme la nuit l'est au chevet de la lune.
Dans sa robe noire
ou dans ce qui restait de noir dans sa robe,
elle paraissait sévère et sobre.
Ses yeux hallucinés laissaient entendre
sa folie et son absence.

Un nom cherchait dans le vent son nom.
Une folle dans sa folie en quête de nom.

disait Aref

Les prophètes aussi, au plus haut, en oblique, au plus

près, sous les paupières,
étaient des étrangers, l'un contre l'autre, en vis-à-vis.
Raison contre raison, eux aussi étaient si proches et lointains.
Dans un chemin voilé de blanc, ils buvaient aux vides en silence.
En dessous, au-dessus d'eux-mêmes, ils déchiffraient tendrement le rien.

L'horizon est à la fois ce que l'homme
aperçoit le plus clairement
et ce qu'il ne peut atteindre.
Dans cet univers multiple,
l'homme est à la trace
de ses infinies faces insondables.
Personne ne peut nous aider,
rien ne peut nous guider.

disait un cheminant

Face au ressac du dit,
l'innommable demeure
un visage sans signature.
L'innommable noué
au paradoxe du silence.

disait Aref

Nous sommes des irréductibles visages
en fin de parcours.
Nul n'échappe
à la loi du récit et de l'écriture.

ajoutait un autre

Je célèbre ta mort
et ta parole reste orpheline d'un visage.
Ton corps drapé d'un voile.
Nous lui sommes redevables d'un nom,
un nom morcelé jusqu'à la mort.
Étrange sentiment
renoué au génie de l'absence.
Étrange départ
où glane encore l'ivresse de ton nom.
De ce visage
sans bouche, ni front, ni rides, ni joug,
je suis née.

disait Aghar

et d'ajouter

De cette mandoline
sans rondeurs ni corps, je suis venue.
De ce corps nu, de cette peau en lambeaux,

de ces seins, de cette main tendue
vers l'aumône du ciel,
un ciel dansant,
de cette fraîcheur sans éventail en silence.
De ce signe et son délire brutal et fantasque,
ma naissance est écriture
qui happe le temps et se vocalise.

Étrange récit que cette naissance,
omission qui transite dans l'émotion
de l'absence.

L'homme manque à cette jouissance de se souvenir
et cette force d'oublier.

Pour vaincre, il lui faut l'effacement.

Oublier que ce souvenir est un récit.

Dans le jour du lendemain,
il lui manquera l'amertume d'avoir vécu.

Au nom, il lui faut ses syllabes pour faire
et défaire ses propres énigmes.

Le nom tourne le dos au suaire de la nuit
pour s'assurer de son devenir.

Une métaphore qui nous parle longuement
sans divinisation ni folie,
plutôt une invisible parole inscrite dans le corps.
Sans relâche, le texte et la question
figurent dans l'errance du livre.
C'est peut-être, parmi fantômes et revenants,
que se clôture le langage du temps et se réécrit le seuil du lien.

Lien qui décrit la croyance et prie le jour et la nuit
à renoncer aux murmures des dieux.

Dieu, celui qui est enfermé
dans les hallucinations
des esprits des mortels,
enjoint à une bénédiction humaine,
tombe du plus profond des cieux.
Promu à l'archaïque existence du jour,
il se tient dans le mystère de la lecture.
Là où le regard n'arrive pas à contourner
l'opacité de l'inoubliable,
il se détourne de la volonté de juger.
Abîme où réside dieu,
où s'est installée la lettre première,
l'exil somptueux de la mémoire,
celle qui veut se réconcilier
avec l'inéluctable réalité d'être.

L'oubli est génie
qui ne cesse de forcer l'histoire.

La terreur d'imaginer,
de penser et d'écrire
son propre conte et l'amnésie qui y figure.
Lieu où se succèdent l'oubli, la raison,
le nom et dieu.

En ce brumeux monde,
en cet inaccessible désert d'être,
l'illusion s'improvise
et la parole s'estompe.
Alors on se dépouille de ses souvenirs,
de ses innocentes morts,
de la blessure
et on pense agencer le quotidien à sa poésie.

Livre II

Écoutez cette histoire
car elle est la mienne et la vôtre,
souvenir impérissable,
dédié au récit éternellement en deuil.
Le village a connu le vertige
et l'évanouissement,
l'odeur d'encens et de miel.
Notre douleur à chaque instant
se détourne de nous et la haine de l'autre
éclipse notre soleil.
Nous sommes poursuivis
par les écritures obscures,
nous périrons de la réponse
et de son double.
Nous allons ouvrir le livre, ce livre écrit
par notre peuple qui se déchire
et rédige sa souffrance par le sang.

N'oubliez pas qu'en récitant ces histoires,
nous écrirons par la même occasion dans la marge
de ce qui ne sera jamais écrit, notre propre conte…

Nous sommes à la trace
de ce qui ne cesse de nous relancer,
cette part du récit insiste à être visitée.

Les vieilles blessures palpitent encore
au seuil de nos cœurs
alors que les rancœurs
animent les traces de nos pas,
ceux-là mêmes qui nous font ignorer
l'amour et la paix.

L'homme manque à cette jouissance de se souvenir
et à cette force d'oublier,

disait-il

votre mémoire doit accueillir l'irrémédiable trace
de mon témoignage.

Nous allons célébrer ensemble
les absents.
Nous sommes d'irréductibles figures,
en fin de parcours,
mais nul n'échappe
à la loi du récit et de l'écriture.
Notre village commençait à sentir
la mort et l'absence.
La sourde histoire qui se trame à

l'intérieur de cette terre,
véritable destinée de tous,
oscille entre rêve et cauchemar.
Entre la vie et la mort.
Rien, ni personne ne résiste devant les affres de cette violence.
Le palmier, symbole du juste,
symbole de la raison contre l'instinct,
se laisse mourir.

Désormais, la haine nous sert de voile.

Nous sommes un livre à écrire
et chaque livre a sa destinée.
Trop de solitude et d'isolement
m'ont épuisé et quand je voyage,
je remarque,
ô combien les hommes ont changé.
Mais quel bénéfice tireront-ils
à répandre la haine
et faire régner le meurtre ?

Aghar appartient à cette voie qui rompt,
exile, sépare et disperse.

disait l'un des prophètes

Le manque de parole.
Nous sommes proches du manque.

disait un autre

La même folle. La même femme.
Les mêmes secrets
enfouis dans le pli de son corps,
abondent au travers des hommes
pour la même enfance.
Les mêmes lieux.
Comme le vide qui appelle le vide,
les tiroirs les tiroirs,
elle se laisse dériver
et nous invite à l'errance.
Nous, demandeurs d'asile,
nous, exilés
parmi ces ombres pavées sans patience,
sans lieu,
au hasard, nous tracerons
la courbe du fatal destin,
du signe qui nous parcourt
et s'évade en nous, pour nous,
et juste pour nous.

Et soudain, un ciel bleu,
et voilà que rêve Aghar.
Le coffret s'ouvre sur ces rêves.
De la petite motte de terre
poussent les racines de son olivier,
elle erre à travers le village,
étrangère et sourde à tous et à tout.
Criant de temps à autre.

Éteignez la lumière, le malheur arrive.
Souffrir et mourir.
L'asile des aliénés est pour tous.
Anneau de tristesse, miroir des fardeaux,
dépossédé de soi,
nous nous brisons
dans la chair de ton regard.
Nous nous confortons en nous-mêmes
dans le reflet de ton ombre.

disaient les prophètes

Notre amère et douloureuse lâcheté
s'y mire.
Si nue, si dépouillée,
tu es le souvenir, le nécessaire souvenir
qui nous révèle dans notre nudité,
à notre misère.

ajoutaient-ils

La vagabonde volupté,
la volupté de ta folie caresse de sa présence
mon désespoir de vivre
et de s'attendre au bonheur.
À ton passage, nous te fuyons du regard
ou du corps car tu es notre miroir,
celui qui fut brisé par nos illusions.
Quand le mensonge s'étend sur cette terre,
alors surgissent ton corps et tes cris.
Apparaissent les fantômes multiples,
écorchés vifs sans consistance aucune,
nus comme la lune,
pour nous suggérer la volonté de la violence.

disait l'un des prophètes

Nous te nommons folle,
nous t'avons renommée folle
et nous n'avons fait
que l'aveu de nos propres faiblesses.
Nous t'avons haïe et crainte,
nous t'avons célébrée et chassée
de crainte de nous gâcher le sublime.
De crainte de notre propre délire,
nous avons affirmé que tu es folle.

ajoutait-il

Rien ne repose sur rien
dans ce désert de l'existence,
le ciel est vide, la terre s'écarte.
Et le jour et la nuit
s'inventent l'un à travers l'autre.

disait Aref

On a volé ton nom, estropié ton espace,
lavé ton visage à l'eau de notre raison.
L'eau nous a séparés.
On a sculpté ton ventre,
nous lui avons octroyé une forme vide.
Ton nom est un lieu occupé,
un éclat de rire.
On a appris à oublier et à bercer
jusqu'à endormir tes cris.

murmurait l'un des prophètes

On a clôturé ta parole et exilé ton être.
On a réussi à le happer de la rive du temps,
de notre rive et de notre temps.
Alors que tu vis ton corps, comme
un refrain fileté qui tend à se dissoudre,
nous avons gardé un sanglot ou un rire – peu importe –

dans l'ombre vertigineuse.

disait un autre

Ainsi, au plus près de ton visage,
nous avons répudié
les marges des questions,
aux plus faibles lumières, les pleurs
ont dû s'élever contre nous-mêmes.
Tu es présente lorsque nous nous taisons.
Ton ombre flotte
comme une amnésique sans histoire.

ajoutait un autre

Son ombre flotte en mal de dernière lune.
Elle continue sa marche de folle,
comme un miroir affamé de reflet,
ses mains tremblent dans le midi de nos jours,
sa voix hurle dans le blanc de notre vie.
Son désarroi et sa détresse
se croisent sur l'oreiller de nos rêves.
Alors les cauchemars aux fenêtres
ratissent l'herbe de sang,
la forêt des plaintes et le tambour d'été.

disait-il

Voilà qu'elle se retourne,
nage dans le noir des alentours,
délaisse le temps au temps.
Elle monte les collines,
frappée de son immensité, se repose,
pèse, soupèse les pierres
et salue les morts au passage.
La neige a oublié les couleurs
et les griffes qui ravagent la mémoire.
Tout est éteint
et tu jaillis des mémoires anciennes.

Donne-moi
un peu de ton jour, Aghar, prête-moi
un peu de ton exil
pour que je puisse voyager, offre-moi
le peu de délire que tu as de trop
pour que je puisse délivrer mes rêves
de la cage de la raison.
Donne-moi
un peu de l'écorce de tes folies
pour que je retienne que le moment
est un instant de délire.
Prête-moi
de ta bouche la sève des saisons
pour que les arbres de ma raison
puissent flâner.

Dans le navire qui nous porte,
personne n'a tort ni raison.
Coupable et innocent à la fois,
nous n'inquiétons
que le passage des nomades d'esprit,
auxquels nous n'offrons
que des tombes pour ultime repos.

Ils ont construit ton nom
dans les lettres de l'exil.
Entendent-ils les plaintes de ton nom,
Aghar,
l'exilée dans les serres du désespoir,
où repose et sans cesse se renouvelle
l'attente ?

À travers les barreaux du vieux silence,
son regard
fixe le toit des abîmes – miroir –
ouvert à une douceur d'enfance,
invisible.
Un silence
pour enfanter d'autres silences.
Des cris pour inventer d'autres plaintes,
alors que nous traversons
des colonnes de vie.

Elle lèche ses blessures ouvertes
et enterre nos pas.
Ceux qui gisent au seuil de nos portes.

Elle trace des cercles
aux portes de nos palais,
inscrit son nom comme si elle voulait
vivre de nos visages,
étrangement d'ailleurs et d'ici,
elle enracine le vertige
dans les branches de nos arbres.

Elle ne s'annonce pas,
erre et apparaît de temps à autre,
au coin des rues.
Effrayée ou tremblante,
elle continue sa marche de folle
vers le bleu des cimes.
Entre les maisons hautes,
elle crie qu'elle est dans un cercueil.
Sous le damier des étoiles, elle craint
qu'une pierre ne tombe sur son cadavre.
Et du vent, elle a peur
qu'il ne lui répande ses pétales.
S'il fallait la suivre
jusqu'entre les gorges du cri,
alors qu'on éteigne les bougies de l'aube,
qu'on ouvre nos bouches au soleil et
qu'on traîne chaque promesse
au bout d'une corde.

La blessure s'habille
de blessures anciennes
dans le pourquoi du temps.
Je promets à ton sourire
de ne pas oublier la clarté de tes yeux.
Je promets à ton visage de ne pas oublier.
Une voix retentit parmi les cieux,
l'apocalypse a tes cheveux.
Et malgré tout cela, Aghar,
je ne te survivrai pas,
ni dans la folie,
ni dans les matins hagards,
ni dans les errances,
je cheminerai dans les dédales.
Les chants ne sont pas loin de ma voix.
Je porte seul le fardeau de mon existence
et la solitude de ma mort.
Aghar,
je dois éviter ce que je cherche
pour pouvoir comprendre.

Livre III

La voici,
toujours le rayonnement d'un étrange vide,
de son regard frémissant,
de son aube errante aucun enchantement.
Voici qu'elle attend le chemin
qui mène à l'horizon et ne cesse de se perdre.
De ces jours de cendres,
elle n'a guère cessé de guetter les rêves
qui fleurissent sans ramiers.

Cette terre est maudite,

disait-elle

terre de blessure, de deuil.
Que palpitent les paupières de tous les matins.
Que viennent seulement des fleurs,
fleurs plus rouges que la terre,
plus mauves que le ciel.
Cette terre est maudite
et le temps n'enfante que le temps.
Les enfants depuis longtemps
ne chantent que le deuil,
que les sombres étoiles qui couvrent leurs corps.

Les femmes pour avoir longtemps
attendu la pluie,
embrassent le silence des flammes
sous le tambour du soleil.

concluait-elle

Entre sept lunes
La lune
Entre deux pas
Une porte
Une plainte d'elle
Il convient
L'aile d'eux
Palpite
Une falaise
Autour une parole
Seulement porte
Fermée
Entre elle
Le diaphane
Vers davantage de solitude
Vers une nuit esclave
Tu avançais Aghar

psalmodiait Aref

L'errance
S'abîme

Au bord
Elle veille
Le lendemain elle fut
Une nuit sans campagne face à des esprits sans présences
Tu avanças vers la chair
Tu n'as pas d'âge
et tu marches vers ton âge
Tu n'as pas de nom
et tu t'installes dans ton nom
Peu oublieront ton nom
et nombreux le porteront

ajoutait-il

Qu'en est-il de ton exil ?
Qu'en est-il de toi ?
Dieu, eh dieu, dieu a conversé,
dieu a décidé.
Maître parmi les maîtres,
il se rappelle ton plus lointain passé,
ta plus lointaine peur.
Un désert, un village et une esclave.
Sous l'arbre, en dedans,
du haut de l'arbre, parmi les vivants,
tu as marché.
Parmi les vertiges, parmi les formes.
Étincelle d'humanité
– humanité première.

Dans le vide de dieu est né dieu.
Qui a marché dans tes entrailles ?
Ta bouche a semé le vent,
bouche ouverte face à la plaie de dieu.
Autour, la clarté,
autour, le sanglot, bien plus encore.
En vis-à-vis, toujours plus loin,
la semence.

Dieu, eh dieu,
ne pardonne pas plus qu'à toi-même.
Chaque douleur veille
immuable au milieu de ton récit.
Dieu, eh dieu ! Centre du centre, nuit blessée
de nuit, devant ta lumière, Aghar erre.

Les ardeurs du soleil.
Plus loin, au-dessus des montagnes, la nuit
venue, on entend des plaintes et des sanglots.
Des âmes en peine
s'en viennent sur nos traces.
Il n'y a plus de repos. La nuit
creuse une fontaine de larmes.
Le vent ailé endormi
veille sur les murmures funèbres.

Et qu'en est-il d'elle !
Son nom porte l'encre et le silence

Un Interdit somme toute

Son visage épouse d'autres visages

Son corps apprivoise le langage de l'autre
Sa parole refuse les langues

Réfléchir, imaginer la folie
nécessite d'entreprendre,
saisir et visiter un lieu
– une particularité qui nous habite
pleinement, nous sert de demeure –
miroir où le récit prend l'aspect
d'un adieu à soi et à son entourage.

La conformité est origine de mort.

ajoutait Aref

L'autre, cet espace qui nous façonne,
dessine, fascine et nous fuit,
n'est autre que le mystère de nous-mêmes et de la tragédie
qui organise notre visage.

murmurait-il

Ruisseau dévastateur et sans limites,
l'oubli nous aide aussi fugace soit-il
à parfaire notre itinéraire.

Ma voix est ta voix, Aghar,
mon visage est ton visage.

L'univers est un miroir
où se mire notre parole,
et viennent se briser la lumière et l'ombre.
Ombre et lumière.

La nuit est la fleur et ses pétales,
les rives de la question.

Tu es les pétales de l'oubli,
on t'a prêté tous les visages.
Oublie ta voix,
chaque parole prise à ton silence,
caresse une blessure que tu devines.
Ta voix t'a quittée pour retrouver sa voix.

La nuit nous cache la nuit,
lorsque nos mains d'homme
plantent des silences.
Au pan du vieux jour,

le mûrier a investi la plainte.
J'ai laissé mes mains se pencher
sur le royaume de ce mûrier,
j'ai cueilli un mot d'ombre,
un mot de clarté.

Ton visage, un visage connu
qu'on espère sauver et qui nous perd.
Visage sans visage.

Visage gratifié de la vie et de la mort,
il suffit d'une caresse pour le perdre,
et d'un froid de glace
pour sentir sa tiédeur.

Portée sur la trace de tes tristesses,
rien de toi ne meurt,
je te ressemble dans les printemps si clairs et si doux.
Le lieu où nous étions couchés
était un amour filial.
L'aube fermait encore les yeux
et personne ne voyait.
Des cendres grimpaient
pour retrouver les couleurs
qui permettraient au jour d'éclore.

Va vers le refuge douloureux
où l'homme viole la demeure,
vers le fond du jour,
à même le jour, comme une dernière lune

à laquelle la lumière s'oppose,
à même le jour,
jusqu'à confondre le tracé.

C'était toi, c'était moi, encore les mêmes.
Cela s'estompait, s'évanouissait,
s'effleurait et se caressait.
Cela c'était encore toi, c'était encore moi.

Tourne la nuit,
quelque chose annonce la nuit,
personne ne sait, nul ne parle.
Ma main écrivait des psaumes dans l'air.
Par-dessus l'humide de tes peurs,
j'étais entre toi et toi.
L'œil obéissait au travers d'un silence d'aujourd'hui.
Ce qui était innommable est plus que jamais à nommer.
Nulle voix, personne.
La porte d'autrefois sourit désespérée,
personne ne s'inquiète.

Va vers l'œil qui habite l'absence
Et raconte d'où tu viens
Donne ta main que je touche
Sans le hier de demain, tout dans la main
Le temps te traîne vers l'asile du temps

Porte-toi vers le haut d'hier
Vers le haut du haut
Sans dire la lumière
Cherche sans écrire entre tes mains
Tu es proche, encore plus proche
Non, renonce aux tresses et à la cire
Tu es proche, innocemment proche

Le sommeil des justes
Naufrage
Oublie les présents
et sacre les absents

psalmodiait Aref

De rire en rire, les membres tremblants,
d'une nuit à l'autre,
attirée par nos regards étranges.
Dans ses heures de naufrage,
dans les eaux de la folie – la déraison,
parmi ses semblables,
Aghar traversait le fleuve
des vieilles blessures,
se heurtait aux insomnies des autres.
Entre les cierges de l'agonie
et les obscurs feuillages des voix,
son corps oubliait encore les plaintes.

Elle poursuivra ainsi indéfiniment
dans les fracas des éclairs,
des traces d'oubli qui damnent les brûlures.

Voici le miroir que tu désirais tant.
Il ne peut y avoir de blessures
scellées au miroir.

Tu iras de visage en visage.
Dans les nuits enfouies sous tes cris,
une femme s'apprête à naître d'elle-même.
Dans les blessures qui lancinent son corps,
pleurent les absents.
Comme nos nuits,
nos absents attendent la conversation.
Nous avons des choses à leur dire des tiens.

ajoutait Aref

Elle a ramassé pour nous le silence,

disait un vieil homme

de l'autre poignée l'absence.

Aghar, celle qui ne connaît
du jour et de la nuit que la peur,
demeure la clarté
dont l'aboutissement est silence.

Elle ôte la nuit à la nuit,
au bout de son sein,
elle attend le mot d'eau qui manque.
C'est ainsi qu'on parle d'Aghar la folle.

Elle murmure et me dit ceci

Je meurs de la mort de mon peuple
et agonise de l'agonie de la terre.
Je me tourne vers un ailleurs
où vient s'abîmer une blessure aussi ancienne
que le monde.
Mes mères portent le goût de l'exil, poussière de récif,
leurs formes désignent l'absence.
D'exil en exil,
l'absence vient habilement habiller
les haltes et les abris colorés d'un loin de tout.
Tous en viennent à me regretter,
d'autres à me haïr et faire
taire mon silence
dans les tiroirs de leurs ignorances.

De t'avoir nommée la nuit du trône,
la nuit attend ta nuit
D'avoir vécu dans tes yeux,
je n'ai plus vu mourir les autres
Et l'étoile de mai inanimée
est devenue le cimetière des dieux

Tu es pétale de nuit
arrachée à l'herbe
Arbre de ce qui ne peut se nommer
innommable dans l'étreinte

Comme l'absence dans la rosée, luisante, argentée
voix abritée entre les eucalyptus, chuchotante

Par-dessus la nuit
nuit d'herbe
La mort dans l'étreinte

Et la neige te suspend à l'haleine du pain,
des cendres fleurissent
encore la neige.
Voici la neige qui fleurit,
le papillon sanglote dans l'herbe.
Ton nom, Aghar,
peut-être l'étrange – erre – habite mon corps,

en moi, en mon exil tant choyé.
Fasse qu'à l'aube, ma demeure te surprenne,
un arc-en-ciel te couvre.
Sa tiédeur est printanière.
Aghar erre et, étrange, habite ma demeure.
Et parce qu'il pleut,
qu'il pleut en toi,
l'herbe pleure le papillon qui la désigne,
ses yeux ne dorment.

Voilà que le ciel grimpe
à tes yeux en amande,
que le voile arraché donne de la lumière.
Ton attente est suspendue au vide.

Tu dis entendre
des cris semblables aux tiens.
Ce sont ceux des fleurs qui fanent.
Ceux de la douleur docile du matin qui meurt.
Je parle pour toi et pour moi,
pour le rayon humide de ton heure.
Nulle part, on ne s'inquiète pour toi.
Je parle pour ta vie et ma mort.
Le silence enveloppe les environs
et nous vieillissons, figure de bronze.
Les matins ont des raisons de croire.
Écoute s'animer le matin
et les battements de ses tentures.

Une blessure fatale qui se lève
et se couche sur la lune.
Regarde son visage.

disait un vieil homme

Un visage qui habite
nos blessures et nos vides.
Regarde ce corps, c'est en tremblant
qu'il avance dans nos corps
et habite nos plaintes.
Il est écarté de nos chemins.
Étrange présence qu'on s'acharne à oublier.
Une présence détachée de nos traces.
Elle sourit et l'on dit d'elle
« elle est celle qui erre
d'un visage à l'autre. »
Nous étions de petites choses,
d'énormes petites choses qui se souviennent
de la fraîcheur du vide,
de la couleur de l'origine.
Nous étions de petites choses effacées,
phrases parsemées
– ça et là –
avec ce seul espoir
de laisser dépérir l'absence des étoiles.

disait Aref

D'énormes petites choses qui se laissent lire
dans l'épais paysage de l'absence.

Le blanc se montrera blanc.
Le blanc joindra l'opacité de ce qui est visible.
Le vide ne sera jamais le blanc.
Et nous sommes une histoire
qui prédit une autre histoire,
une rupture – brisure –
imprudemment égarée dans la raison.
Cela est peut-être toi !
Les hanches brisées de la solitude.

ajoutait-il

N'est-ce pas, elle,
l'ardente défaite de l'horizon du lointain
– suprême hauteur –
qui bute à notre impossible.
Entre ciel et sable,
nous étions une blancheur qui a brûlé,
une ombre qui s'est retirée en une promesse.
Nous sommes ce silence qui se prolonge,
l'approche du sanglot,
du soupir insoumis.
Nous sommes pareils à nous-même
et à la vérité,

attisés par notre propre écho
– le mensonge des origines.
Je refuse la durée
puisqu'en elle les choses s'éternisent.
Je lis dans le soupir de ton œil vide
– premier horizon.
Il faisait ce jour-là un temps bleu.

Livre IV

Aghar suivait, loin derrière, chaque homme
qui involontairement posait son regard sur son corps effacé.
On ne pouvait deviner pourquoi
sur son visage fleurissait un sourire dépaysé
ni pourquoi ses yeux aux reflets noirs
perçaient au travers l'infini du vide.
Elle suivait les pas de l'homme qui la précédait,
s'arrêtait quand il s'arrêtait, inquiétée par sa présence.
Visage effacé, visage qui trahit une nostalgie,
révélée, blessée
dans le miroir de la lumière.
Visage enlaçant un autre visage, absent.
Souffle rivé à la lisière d'un autre souffle craintif.

L'année des sept lunes.
Grand est le ciel, abyssal,
des deux côtés de la mort.

Zerga la folle, la bleue,
Aghar qui ne voit plus que l'azur,
une tranche d'absence.
Son regard dispersé

pointe les marges du ciel inanimé.
L'absence
chante dans ce fond où le cœur a cédé.

Hajer, la folle, suit celui qui la regarde.

criaient les enfants

Elle souffre la chance de survivre
là où elle n'existe plus.
Elle vit dans un miroir de lumière,
dans les marges souterraines des sept lunes.

Qui es-tu, ô parole, ô Aghar ?
Sinon celle qui glisse et me déchire dans mon silence.
Promue à l'océan,
blessée dans l'exiguïté de ton signe,
tu organises ton vide.
Ô, qui es-tu, si ce n'est une tendre certitude au seuil du réel,
une vaine échéance articulée ?
Sable dépouillé de sa nudité.

se demandait Aref

Vocable parmi les vocables,
opaque au précipice de la mort,

foulée par la vérité et le mensonge,
tu demeures leur réalité inséparable
et leur refuge nécessaire.

Le soleil n'était plus qu'un feu torride,
un disque rond inondant l'espace
d'une couleur silencieuse,
couleur qui aspirait et attirait vers l'horizon,
boucle de souvenir qui mythifiait les origines
et tendait à prendre l'âme vivante
vers l'ouverture nocturne d'un non-être.
Transporté par le vent vers la nuit,
un vent chuchotant de murmures,
murmures de mort,
songe qui se déploie
par-dessus les corps et les êtres,
de l'autre côté des tombes, des morts et des fous.
Derrière le mur blanc,
le soleil disparaissait, et nous voilà.
Le monde souterrain,
monde de la nuit d'Aghar,
peut-être oscillera-t-il vers nous.

Éclairer l'ombre du jour,
éclairer le feu du jour.
J'ai foulé aux pieds l'ombre et le feu.

Demain s'écartera
la vertigineuse torche de la clarté
avec la dernière lumière
la fin du vieux jour.
Quand la lumière s'éteint,
on désavoue,
on avoue et questionne.
Éblouis, nous nous attachons à la parole,
l'homme et sa création.
Succession de détresses, d'échecs
et de questionnements,
nous n'allons que vers la mort.
L'ineffable raison d'être et de croire.

Faut-il la nuit au jour ?
Faut-il être pris dans le portrait de son jour
et celui de ses écumes.
Le risque de vivre n'est qu'une quête
qui échoue aux rives des syllabes.
Tout est blanc.
Tout est rêve
qui se confie au blanc du sommeil.
Les murs du sommeil nous confient à dieu.
À la matrice du néant.
Feu et ciel sont pierre et hasard dans les providences du haut
et nous échappent.

Il n'y a point d'exil dans le hasard.

murmurait Aref

Ne pas quitter cette existence
sans éclairer la page de ses jours.
Mais pour rencontrer la lumière,
il fallait être poussière.
Non, une lumière ténébreuse. Juste une lumière.
La veille est une faille d'angoisse dans la rature du temps,
ce qui est vu dans la lumière gît dans la pénombre du reflet.

Reflet du premier visage,

disait-il

reflet de la première lumière,

disait l'autre

Sous les vagues, dans l'océan de lumière,
il ne subsiste que le reflet.
Un silence qui ronge la clarté, la blancheur d'un rêve,
l'hymen d'une nuit, la luminosité d'une étoile filante,

enfin, la nébulosité d'un rêve,
une nuit à la mesure de la nuit.
Le silence était si près
et le bourdonnement si proche.
Que d'exils qui résument pour nous les linceuls !
Alors de nouveau dans la flaque du jour absent le soupir
prend racine,
racine qui emporte la quête du signe
et donne la main aux roses sonores du soupir.
Agar faisait halte, allégée,
une main lentement tendue vers son itinéraire
qui s'absentait, à peine atteint.
Elle n'avait pas besoin d'être vue,
elle était ce qui est nécessaire pour voir.
Nul besoin d'être vue.
Elle grimpait au sommeil, et de retour, inquiète,
elle narrait ses abîmes, obéissante. C'était elle.
Grimpe encore, la voilà aux cimes
de la dissidence, grimpe encore.
Et l'œil ne voyait plus,
plutôt disait un mot,
un mot sec, une larme audible.
Un ciel à nouveau brûlant l'habitait,
elle respirait la malédiction et le silence.

Mystérieuse fin de journée, énigmatique instant
où l'horizon laisse errer tout son silence.
L'infini nous fait douter de l'éphémère pureté.

Désemparé,
lentement l'homme s'immole,
ses incertitudes au bout des lèvres.
Le jour meurt et renaît de ses cendres,
il nous offre à chaque moment un visage différent.
La folle s'enfonce dans la nuit, dans l'abîme.
Mais personne, désormais, ne s'inquiétera.
Plaine dénudée.
Plaine de cendre,
durablement
cortège de douleur.

Mère, tu dors sans doute
parmi les ossements desséchés de mes cris.

disait Aghar

La terre ne peut plus porter ma part si lourde.
Ton absence restera prise dans mon étreinte.
Je ne cesse de marcher sur ces terres,
crier devant les hommes égarés et perdus.
Ils se sont repliés du côté de l'horizon.
D'un désert à l'autre, la mort embrasse tout lieu,
au-delà du lieu.
Elle est la clé égarée,
celle de la parole et le revers du ciel.
La voix d'Aghar s'élevait plus haut

et s'en allait plus loin.
On ne peut l'atteindre, nul ne peut l'atteindre.
Entre deux silences, empreinte vitreuse,
sa voix rame vers le plus haut,
traverse le blanc du temps toujours vers le haut.
Sa voix extraite d'une blessure vive
et son souffle d'une souffrance solitaire.
La folle, la blessée anonyme
sous sa seule robe en lambeaux
au milieu de ses plaintes.
On dit que de destin
elle était vouée à la folie.
Elle provenait d'une aube rare
à laquelle personne ne peut attenter,
lueur maculée par la clarté.
Miroir qui a pris corps dans les feuilles du bas,
dans le blanc du temps,
elle tombe et gît au milieu du regard.
Le jour avec ses paupières s'adresse à toi,
Aghar.

L'œil

La nuit insuffisante
Une inclinaison
Un paysage
Une inquiétude dérive
Efface les présences par les présences

Atteindre le centre
L'enfance un paysage
Se préparer à creuser
Il se prête
Et l'autre creuse

psalmodiait Aref

La nuit sème
Qui attend ?
Elle réinvente
Il manque à cette nuit

La nuit se multiplie
L'attente
Chaque pas est interrogation
La nuit ouvre
Au chant
Un jardin pour interroger nos parcours
Ce qui lui appartient

Le silence
La rose
L'image
Ni pourquoi
Il n'avait plus de souvenir

La voix se répète avant d'être tardive
Outre-douleur, outre-oubli
L'avant lieu

Fleurs blanches
Chaque pétale
A son doute

La terre plante
Son fin silence

N'ai-je vécu que dans les limbes de l'absence
De la fissure d'un destin qui s'use
Le corps apprivoise l'incertain

Silence de soie
aube d'écume
mer de cendre

un regret
un rire doux
du lendemain

le silence
lis dans ce que t'offre la nuit

et d'un jour
dans l'errance
l'ineffaçable

la mort sème autour des pas
ses racines

Un chapelet d'écrits
chemin en nœud
ailleurs

le nœud autre horizon
d'arc et de trait d'avant
tout se tient

nous lie la ligne
à notre tour
la distance est si proche

Nous ouvrons la distance
pour lire l'oubli
la trace illisible

veille la distance

Hors de l'eau
la falaise est miroir

à chaque nom une île

à chaque île l'oubli
la falaise témoigne

Falaise de jade
Nom d'île

Oubli d'océan

La falaise est l'enfance de l'eau
l'eau médite

Seule l'eau se préserve de l'eau
Lui était du côté de l'île
l'autre
était autour
Le miroir

Myriade de corps
Corps à même le corps
auquel le sable
révèle la peur
l'attente

L'ailleurs de la peur
l'homme

que faire de l'homme

Postface

Hajer, Aghar, Dame de gloire et d'oubli

Qui es-tu Hajer… ? La question est posée par Aref. Et c'est la question matrice du livre. Qui es-tu ? se demande-t-il, et nous nous le demandons aussi. Hajer… Est-ce un nom ou un destin déterminé par l'exclusion et l'absence ? (Un nom implacable ouvert à l'exil.) Et puis un nom suffit-il à définir une femme mystère, une femme symbole ?

Hajer est le symbole de la maternité absolue. Le symbole de la vie qui naît du sein du néant. Elle s'enfante de la nudité du désert, de la faim et de la soif… Du rejet et de la privation. À l'épicentre du conflit, elle se cristallise symbole : conflit entre le sacré et le profane, entre le centre et la marge, entre l'institution et le réel, entre la raison et la folie.

Hajer est le maternel (le don de la vie) selon les lois de la nature, selon les lois du corps. Elle a engendré l'héritier de la dynastie. D'Abraham, elle a donné naissance à Ismaël, le premier fils. Selon certains récits douteux, elle a aussi donné naissance au deuxième fils, Isaac. Et la volonté de Dieu fût que son rôle s'arrête là. Sarah a décidé de l'expulser, Dieu a consenti, et Abraham a exécuté.

Avec l'exclusion de Hajer, le Masculin va se venger d'Ève qui a entrainé Adam dans son monde. Elle l'a fait sortir de l'éclat du sacré et accéder au réalisme du profane. Avec son exclusion, l'être féminin va se scinder en deux. Le maintien de la vie et la préservation de la lignée deviendront une affaire masculine, une affaire transcendante régie par des révélations, et non selon la nature humaine.
Dieu a promis à Abraham un fils ; il a proclamé Sarah procréatrice de la lignée, et souveraine du trône des Hébreux, bien qu'elle fût stérile. La maternité s'éclipse devant la paternité. Elle prend sa valeur de la relation avec le paternel et non pas en lien direct avec le don du corps.

Avec l'exclusion de Hajer, la maternité, en tant qu'apport humain avec ses douleurs, ses peines et ses tracas tombera dans l'obscurité.

Hajer, qui es-tu ? La question persiste. Selon certains récits, elle était une princesse nubienne, dont le nom est la fleur égyptienne, le Lotus. Captive, elle a été emmenée en esclave au palais de Pharaon. Lors de cette péripétie, elle a perdu son nom, son trône et son statut. C'est une chute qui l'a réduite à n'être qu'un corps que l'on peut vendre et acheter… et même offrir. Ainsi, elle a été offerte à Sarah. Celle-ci lui délégua la mission qu'elle n'avait pu accomplir : donner naissance à l'héritier d'Abraham.

La deuxième péripétie n'était pas une ascension, une réhabilitation d'un corps qui a offert ce que le corps de la souveraine, lui, était incapable d'offrir. C'était plutôt la croix de laquelle elle ne sera pas arrachée. Et le sacrifice qui ne sera pas racheté par celui d'un bélier.

Hajer s'unira à la terre indomptable, source de vie. Dieu l'a abandonnée. Sa gloire tombait dans l'oubli, mais elle se débattait. Dans la douleur, elle se créa et se tailla une spiritualité.

Elle a donné la vie à son fils une deuxième fois. Elle a ranimé le désert. Comment a-t-elle pu triompher des difficultés de la réalité ? Comment a t-elle vécu sa douleur, ses rêves, ses peurs, ses angoisses ? Ancêtre de douze tribus, comment a t-elle peuplé le désert ? Lorsque la Kaaba fut érigée, c'est d'Abraham que l'on parle. C'est lui qui l'a construite. Les commentateurs ne mentionnent pas comment il est parvenu après cette longue absence, ni leur rencontre, ni aucune présence de Hajer. D'ailleurs, il n'y a aucune mention de Hajer dans le livre révélé à ses descendants, le nom de Hajer n'existe pas dans le Coran. Et quand le Prophète Mohammed la mentionne, il la nomme mère d'Ismaël, en référence à son fils devenu prophète. C'est son destin. Première parturition dans les affres de l'expulsion et de l'exclusion. Deuxième, au bord de la folie, courant entre Safa et Marwa, luttant contre la sécheresse à la recherche de l'eau. L'élément qui, redonnant vie à son fils, ressuscitera une communauté dans ces espaces désertiques.

Hajer habite Tarek Essaker. Il la couve, ressent sa douleur, affronte son angoisse et s'engage avec elle dans le royaume de la folie, le royaume de la créativité. Ses cris traversent son esprit, le contaminent, lui ouvrent la voie. Il envoie les cheminants sur ses pas. Ils chercheront leurs visages dans le sien, leur chemin dans le chemin qu'elle a emprunté.

Les hommes avaient peur
et un silence interrogeait les lieux
pour mieux savoir de quoi il s'agissait.

Le voyage est difficile, voyage de la migration, de l'exil, du rejet, de l'exclusion.

Il faut que je voyage,
que j'erre dans le silence des pierres
– que je rêve d'être rêvée –
à la recherche d'une histoire
qui leur permet de vivre.

Ils apprennent de Hajer que le voyage n'est pas la perte, ni la mort, mais la vie, la création d'une vie nouvelle, laborieuse, difficile, mais que la lumière est au bout.

Pour Aref, le voyant, Hajer en est la preuve :

Une ombre, assise, éveillée,
par une nuit sombre et noire t'attend
en attendant le jour.

Les cheminants apprennent que la vérité est dans ce que creusent nos corps, nos rêves, nos douleurs ; qu'elle est loin de ce qui est proclamé, écrit, règlementé ; que la vie est dans le marginal et l'expulsé du royaume des lois et des coutumes, que la vie est le versant pensant du corps qui se cache du royaume de Dieu et de son alphabet.

Rafika Bhouri, le 19 mai 2022.
Traduit de l'arabe par l'auteur.

Bibliographie

Des grilles parfumées de passé
Poésie, c.a., Liège, 1989

Le suicide du poisson
Poésie, éd. Tétras Lyre, Soumagne, 1991

Et le verbe dans tes mains ?
Poésie, éd. Tétras Lyre, Soumagne, 1992
Réédition, éd. Tétras Lyre, Liège, 2019

La prairie des inquiétudes
Poésie, L'Harmattan, Paris, 1995

Ô Gamra
Drame-poème, éd. Caractères, Paris, 1997
et 2018 [éd. numérique]

Les Cheminants
Poésie, HB Éditions, Forcalquier, 2006
[édition française]

La Glaneuse
Récits poétiques, éd. Le Mot Fou, Forcalquier, 2014

La Fille de la Rivière
Poésie, maelstrÖm reEvolution, Bruxelles, 2021

Diffusion et distribution

Benelux :

Maison de la poésie d'Amay
BP 12, B 4540 Amay
+32 (0) 85 31 52 32
distribution@maisondelapoesie.com

France :

Librairie Wallonie-Bruxelles
46, rue Quincampoix 75004 Paris
Tel : +33 (0)1 42 71 58 03
Fax : +33 (0)1 42 71 58 09
librairiewb@gmail.com

ISBN : 978-2-87406-732-7
Dépôt légal : 2023/2292/06

Ce livre a été réalisé avec le soutien du Ministère de la Culture de la Fédération Wallonie-Bruxelles.

Nos publications et activités d'animation culturelle sont possibles grâce au soutien du gouvernement de la Région wallonne, de la Promotion des lettres du ministère de la Fédération Wallonie-Bruxelles, du Service des Affaires culturelles de la province de Liège, et de l'Administration communale d'Amay.

www.maisondelapoesie.com

Imprimé sur les presses de la Maison de la poésie d'Amay
Maquette et composition : Antoine Van Impe

السَّالِكُون

تأليف

طارق الشاكر

ترجمة

زياد بن يوسف

السّالكون

تأليف

طارق السّاكر

ترجمة

زياد بن يوسف

مراجعة وتقديم

رفيقة البحوري

هاجر سيدة المجد والنسيان

رفيقة البحوري
باحثة وشاعرة وكاتبة للأطفال ـ تونس

من تكونين يا هاجر؟ على لسان عارف جاء السؤال. وهو السؤال المولّد للكتّاب. من تكونين؟ يتساءل... ونتساءل نحن. هاجر... هل هو اسم؟ أم مصير حدّده الإقصاء والغياب. (اسم لا هوادة فيه مفتوح على المنفى) وهل يكفي اسم لتعريف امرأة لغز... امرأة رمز.

هاجر رمز الأمومة المطلقة. رمز الحياة التي تنبثق من رحم العدم...تلد ذاتها من عري الصحراء... من الجوع والعطش... ومن الرفض والحرمان.

في بؤرة الصراع تبلورت رمزا. صراع بين المقدّس والمدنّس، بين المركز والهامش، بين المؤسسة والواقع، بين العقل والجنون.

هاجر هي العطاء حسب قوانين الطبيعة... حسب قوانين الجسد. أنجبت وارث السلالة. أنجبت من إبراهيم الابن الأول إسماعيل، وفي بعض الروايات المجرّح فيها أنجبت الابن الثاني إسحاق. وشاءت مشيئة الإله أن يقف دورها عند هذا الحدّ. قرّرت سارّة طردها، ووافق الإله، وطبّق إبراهيم.

بطرد هاجر سيتصدّع الكيان الأنثوي. سينتقم الفكر الذّكوري من حواء الّتي جرّت آدم إلى عالمها، أخرجته من هلاميّة المقدّس إلى واقعيّة المدنّس.

سيصبح استمرار الحياة وحفظ السلالة شأنا ذكوريّا، مسألة علويّة تبنى حسب القوانين المسطّرة\ المنزّلة، لا حسب قوانين الطبيعة.

ينزّل الربّ سارة منزلة الأمّ المحافظة على السلالة، السّيدة المتربعة على عرش العبريين. يبشّرها بالمولود وهي عاقر. تتلقى البشارة الموجّهة لإبراهيم. وتتحوّل

الأمومة ظلّا للأبوّة. وتصبح منزلة اجتماعية... حضاريّة لا ارتباط لها مباشر بعطاء الجسد. بطرد هاجر ستُلقى الأمومة\ الولادة في الظلّ، ويسقط عطاء الجسد بآلامه ومتاعبه في الظلام.

هاجر من تكونين يا هاجر؟ يلحّ السؤال.

تروي بعض الأخبار أنها كانت أميرة نوبية، واسمها زهرة اللوتس المصرية، سقطت في الأسر وتحوّلت إلى سبيّة في قصر الفرعون. في رحلة السقوط الأولى هذه ضاع اسمها وعرشها ومنزلتها. تحوّلت إلى رقم من الأرقام، سبيّة من السبايا، جسد يُباع ويُشترى... ويمكن أن يُهدى. وأُهديت إلى سارة. سخّرتها هذه لما عجزت عنه. فكانت الرحلة الثانية، لم تكن صعودا... ردّ اعتبار لجسد قدّم ما عجزت عنه السيّدة. بل كان الصليب الذي ستحمله ولن تُرفع منه. وكانت الأضحية التي لن تفدى بحَمَل.

ستلتصق هاجر بالأرض في انبساطها ووحشيتها. تخلى عنها الربّ. وسقط مجدها في النسيان لكنّها تصارع، وبالألم ستشكّل ذاتها... وتنحت روحانيّتها.. وهبت ابنها الحياة ثانية وبثّت الحياة في الأرض اليباب. كيف ذلّلت صعوبات الواقع؟ كيف عاشت آلامها... أحلامها... مخاوفها... قلقها. كيف عمّرت الصحراء؟ سلف هي لاثنتي عشرة قبيلة. وحين بُنيت الكعبة كان إبراهيم هو الّذي بناها. لا يذكر المفسّرون كيف جاء إبراهيم بعد طول غياب، كيف كان اللقاء، لا يذكرون حضورها عند بناء الكعبة، وهل ساهمت في بنائها.

لا ذكر لهاجر في الكتاب المنزّل على أحفادها، اسم هاجر غير موجود في القرآن. وعندما يذكرها النبيّ محمّد يسميّها باسم ابنها الّذي صار نبيّا: أمّ إسماعيل. ذاك قدرها مخاض أوّل وهي تعاني الطرد والإقصاء، ومخاض ثان

وهي والهة على حافة الجنون، تصارع القحط وتهب ابنها الحياة ثانيّة. ستسعى بين الصفا والمروة باحثة عن الماء، العنصر الذي سيبعث مجتمعا في تلك الربوع الخالية.

يُسكِن طارق السّاكر هاجر في ذاته ويَسكُنها. يتحسّس أوجاعها يواجه قلقها يطلّ معها على مملكة الجنون... مملكة الإبداع. صرخاتها تسري في عقله كالعدوى وتفتح الطريق. ويبعث خلفها السالكون، يفتشون عن وجوههم فيها، يبحثون عن طريقهم في المسار الذي خطّت.

"كان الرجال خائفين

وصمت يسائل الأمكنة

لفهم أعمق لما يحدث"

الرحلة صعبة رحلة الهجرة رحلة النفي رحلة الرفض والاقصاء.

"لا بدّ من السفر،

من التيه في صمت الصخور

أن أحلم أني حلم الآخرين

بحثا عن قصة

تتيح للآخرين الحياة"

من هاجر يتعلمون أن الرحيل ليس ضياعا وليس موتا، بل حياة وخلق حياة ثانية، في الكدح والكبد، ولكن النور في آخرها: يرى عارف بعين الرائي في هاجر الدليل:

"ظلّ يجلس ساهرا

ذات ليل حالك السواد في انتظارِكَ

في انتظار طلوع النهار"

يتعلّم السالكون أنّ الحقيقة هي فيما تخطّه أجسامنا...احلامنا ...آلامنا هي وراء المعلن والمسطور والمقنّن، أنّ الحياة هي في المغيّب والهامشي والمطرود من مملكة السنن والنواميس والأعراف، أن الحياة هي "الآية المفكرة للجسد التي تختبئ من مملكة الرب وأبجديّته".

حكاية السّالكين

زياد بن يوسف

مؤلّف موسيقي ومترجم

هاجر كائن عجاب ترتكز أهمّيته في نظري في رمزيّته ورؤيته المعاصرة لعذاب المرأة المُزمِن، نَحتَه طارق السّاكر بطريقته الخاصّة ووضعه في مفترق الأجناس الأدبيّة.

هاجر شخصيّة فذّة ومركّبة.

هي مَعلمٌ من معالمِ خطيئتنا ومكمَنٌ من مكامِن وجعِنا، لكنّها يَرَقةٌ متحوّلةٌ، خضمّ هائل من الأحاسيس الجيّاشة، التي تؤرقنا في تناقضها، تتراءى لنا في قمّة عريِها وصدقِها منذ الكلمات الأولى من الكتاب.

تجمع هذه الأحاسيس بين المتناقضات. بين الفزع والسّكينة، بين شدّة القسوة وهدوء الانسحاب، تؤرجِحنا بين الحضور والغياب، لكنّ ردّ هاجر رغم كلّ هذا العذاب رفضٌ للعدم ... وتأكيد لنا بأنّها كائن غير قابل للاندثار يعلّمنا أنّ الحياة صراع حتّى الرّمق الأخير. لا يسعنا على مدى هذه القصيدة إلّا أن ندرك كيف تحوّل هاجر، في علاقتها بالإنسانيّة وفي عذابها اللّامتناهي، من وجود ملموس يتآكل فيه الجسدُ إلى وجود رمزيّ، إلى كتابة تكشف لنا عن أنفسنا.

"من هذه المندولين
الخاليةِ من التّضَاريسِ، من الجسدِ، أتيتُ.
من هذا الجسدِ العاري، من هذا الجِلدِ الممزّقِ،
من هذه الأثداءِ، من هذه اليدِ الممدودةِ

نحو صدَقةِ السّماء،
سماءٌ راقصةٌ،
من هذا الانتعاش بدون مِروحةٍ في صمتٍ
من هذه الآية وجنونِها المفاجئِ الغريب
تصبح ولادتي كِتَابة
تجتاح الزمنَ وتتحوّل إلى ترنيمة"
...
"أمّي، لقد قدِموا،
ذات ليلةٍ عابرةٍ
ودقّوا بابي بعنفٍ.

هم

افتحي هذا الباب يا هاجر.

من الطّارق؟

افتحي
وإلاّ كسرنا هذا الباب.

في أيْدي هؤلاءِ الرّجالِ مفاتيحُ يا أمّي،
كلّ مفتاحٍ مختلفٌ عن الآخَرِ.

وكان هناك الصّمتُ.
جاؤوا من الأرض.
حولي ضجّةٌ مفاجئةٌ
ثمّ صلواتٌ
أضحَى جسدي جسدهم.
كان اللّيل يرقُص على خدّيّ
ووضوحُ القمرِ على شَعرِهِم.
لقد بَحثُوا في كلّ مكان، يا أمّي،
كانوا يقولون أنّهم وَرَثةُ السّماءِ،
الكلِمةِ، الضّحْكةِ،
الجنونِ، الجسدِ، الموتِ والحياةِ.

سأُعطيكُم كلماتي
وحواري في صمت.
كنت أقول لهم أنّني وفيّةً لزهورِ
صرخاتي،
وأنّي كنتُ أحكِيها،
وقصّةَ شجرة الزّيتون الّتي تنتظرُني.
قالوا لي أنّني سقوط كلّ شيء،
نسيانُ الشّجرة لظِلّها"

يذكّرني طارق السّاكر في قصيدة "السّالكون" بأنّ "الأدب مأساة أو لا يكون" وهو ينْحَى في نحْت شخصيّات هذه القصيدة منحى تصوفي وجودي وربّما ملحمي يحيلني إلى شخصيّات هوميروس وسوفوكل، وإذا التمست مقارنات مع أدباء معاصرين فأنا أجد في الأدب الرّمزي وفي شخصيّات محمود المسعدي خير مثال.

قد تكون العلاقة الحميمة مع المؤلّف في بعض الأحيان حاجزا دون إبداع متحرّر بحيث أنّنا نتوق إلى "تأمين" الترجمة بالمرجعيّة المستمرّة للمؤلّف من ناحية، أو بإشراف المؤلّف المستمرّ على الترجمة بتوجيه قراءة المترجم للنصّ الأصلي من ناحية أخرى، إلّا أن هذا القرب لم يؤثر بأيّ شكل من الأشكال على حرّيّتي في تناول معاني النّصّ، بل قمنا معا، في بعض الصّفحات، بصياغة مشتركة ومختلفة "يتصادى" فيها النصّ الفرنسي مع النّص العربي في نزعة للتحرّر.

ترجمة قصيدة "السّالكون" تعتبر بالنّسبة لي المرحلة الاولى في طريقي الوعر لترجمة جزء هامّ من شعر طارق السّاكر، ألا وهو ثلاثيّة "السّالكون" "الملتقِطات" " آه يا قمرة".

بعد ترجمة قصيدة "السّالكون" لم يعد باستطاعتي "العودة سالما مطمئنّا..." في كلّ صفحة من هذه الصّفحات "خطر" يحدق بي، وفي الآن ذاته انفتاح على صور شعريّة رائعة.

وارف الشّكر والامتنان إلى الصّديق الشّاعر **طارق السّاكر** الذي أتاح لي ترجمة هذا النّصّ الرّائع إلى اللغة العربيّة وإلى سندي الدّائم **دانا خوري** لتشجيعها في لحظات تستعصي فيها الإرادة.

شكر خاصّ إلى:

رفيقة البحوري (باحثة وشاعرة وكاتبة للأطفال، تونس) على مراجعة الترجمة وتقديمها

رولا ذبيان (باحثة ومترجمة، لبنان) على قراءة الترجمة، وتشجيعها لهذا العمل من الوهلة الأولى.

ليا كورنيتي (رسّامة، فرنسا) على صورة الغلاف الرّائعة.

الشّخصيّات

آغار، آقار، هاقار، هاجر، زرقة (الزّرقاء)

عارف: الشّاهد

الرّبّ

السّالكون

الأنبياء

يعقوب، جاكوب

المحراب: منطقة محفورة في أحد حيطان المسجد أو مسطبة تشير إلى اتجاه مكّة، حيث يقف الإمام للصّلاة.

آغار حسب كتابة مستمدّة من اللّغة العربيّة، هي أيضا هقار أو أقار في الإنجيل، أمةُ سارّة المصريّة.

عندما أصبحت سارّة غير قادرة على الإنجاب لكبر سنّها، أعطتها لإبراهيم فحملت منه.

فِرارًا من قسوةِ سارّة، هربت إلى الصّحراء...

حتّى أخبرتها الملائكة، حسب ما قيل في الإنجيل، أنّها ستلد طفلا يسمّى إسماعيل ومعناه "الرّبّ يسمع" ("سمع الرّبّ ضيقك" سفر التّكوين).

طرد إبراهيمُ هاجر بعد أن طلّقها بأمر من سارّة، فهامت مع ابنها في الصّحراء. أخذتها الملائكة إلى بئر وقال لها الرّبّ أنّ ابنها سيصبح حمارا وحشيّا بحقّ، "يده ضدّ الجميع ويد الجميع ضدّه" (التكوين).

هاجر هي إذن السّلف الأوّل للإسماعيليين العرب، بني الرّيح، بدوُ الصّحراء، الرّحّلُ الأحرار، الذين أقرّوا أنّهم وحدهم من سلالتها.

عاش إسماعيل 137 سنة وترك اثني عشر ابنا على رأس اثنتي عشر قبيلة (التكوين). وما زالت هناك في التّقاليد الإسلاميّة طقوس وُرِثت عن فترة ما قبل الإسلام، حيث يقوم كلّ زائر بطواف الكعبة سبعا ويقوم بالسّعي بين الصّفا والمروة سبعا. إحياء لسعي هاجر المذعورة من فكرة الموت عطشا هي وابنها.

أضحت هاجر في نظرة التّقاليد المرأةَ الّتي تمثّل القطيعةَ، الخلافَ، اللاّمصالحةَ والتّيهَ...

هنا توجد اللّبِنَةُ الأولى لقصّة "السّالكين".

الكتاب الأوّل

بالنّسبة لهاجر، كانت هناك هذه المحاورة
بين الرّبّ والإنسان...
بقِيَ لها أن تصل إلى المعبر.
كانت يومَها فريسةَ الرّبّ.
وجهَ الرّبّ وبعض حُبيبات الرّمل.
بالنّسبة لهاجر كان يومَ الصّمتِ الرّهيبِ
هاجر هي نجوى إجابةٍ
لا يعرف كُنهها إلاّ الرّبّ
لذلك أطلقت عليهِ اسم: غياب

هكذا يمضي الزّمنُ
هكذا تسير الأقدارُ

الغيابُ: غيابُ الزّمنِ
الصّمتُ: هو الّذي يأتي لإنقاذِنا

لا تنظر هاجر إلاّ في ذاتِها.
لم يعد هناك مكان للرّبِّ.

وقال عارف
والإنسانُ؟ ماذا عنِ الإنسان؟
أجابت هاجر
أَلَمٌ في الإيمانِ يا عارف،
أَلَمٌ في الإيمانِ.
قال عارف

هاجر، لقد كان لكِ مقرٌّ
في كلّ وقفة نائية،
أنتِ المركزُ والنّبعُ والماءُ والرّملُ
الملتصقِينَ بوجهِ
ما هو مقبول.
كلّ السّكَراتِ تكفيني.

عارف هو الّذي لم يكُنْ يعرِفُ
وعَرَفَ فيما بعد.

قال عارف
ثلاثة أيّام لهجْرِ مقرِّ
الرِّجالِ،

ثلاثة أيّام لتُذعِنَ
هاجر
وتفكّ أسرَ حِكْمَتِهَا
وخاصّة لتَتْرِكَ تِيهَهَا
بين أيادٍ أمينةٍ
قبل أن تختفيَ.

ذات ليلةٍ لم تكُ قطُّ ليلة صيفٍ،
ولم تكُ قطُّ
ليلةَ القدرِ،
كانت هاجَر القربان
قبل أيِّ قربانٍ آخرَ.
كانت هاجر الحملَ، المرأةَ الأولى.

قال عارف
ظِلٌّ، يجلس ساهرا،
ذات ليلٍ حالكِ السّوادِ في انتظاركَ
وفي انتظارِ طلوعِ النّهار.

وأضاف
لابدّ أن نعبر الطّريقِ
بشكل أو بآخر.

قال عارف
تسيل دموع هاجر الفضّيّة
وتقول
إنّه غبارُنا القديم
الآتي من ناحية جزيرةِ الرّملِ

قال عارف
هاجر لقد اصطُفيتِ لتُطرَدي
وتساءل
أكان لها مستقرٌّ في هذا العالَم؟

قال عارف

سُمّيت هاجر، أغهار، أو أغار،

المُبعَدَةُ، المنفيّة.

اسمك يُنذِر بمصيرك،

حُفِر بلاط القدَرِ في الأعماقِ

ليتلقّى سرّ اسمِك،

اسم لا هوادة فيه مفتوح على المنفَى

والمنفَى ليتلقى نصيبك من الغيابِ.

تَبْسُطُ الصّحراءُ اسمكِ فيبقى

فراغا مثيرا للإعجاب.

قلقةً، باحثةً عن بداياتِ

آيةٍ

فزعةً من الفراغِ، آثرتِ

ما لا يُشَبِعُ.

وسرتِ في نقصانِ

تلفّه ببلاء الوعودُ

البائدة

الانتظار، آه من الانتظار.

ستصمتُ هاجر أمدا طويلا،
وسيُقاضِي موتُها صَمْتَنا
وستكون تضحيتُها صليبا آخرً أكثر من اللّزوم.

قال عارف الشّاهد
لن تُصلَب هاجر، بل ستذهب نحو ذاتها،
وستعيش بجحيمَ الغيابِ،
وستطبق الهوّةُ المفتوحةُ للحظةٍ
الصّمتَ.
من رأى أخاه فقد رأى ربَّه.
قتل قابيل أخاه هابيل.
ويقال إنّه رأى هابيل.

هاجر، يا امرأة، هو ذا ابنُكِ ذاك الّذي
ستُلفظ قصّتُه،
سيسكن قبالة أخيه.
أثرًا، معْلمًا للخطيئة
والأمل.
لن يذكره أحد.
سيّدٌ للمجدِ والنّسيان.

قال عارف
هاجر، أنت القدّاس المُفتقَدُ،

وأضاف
أنت طريقٌ ناعمَةٌ للقِطافِ
طريقٌ لمداعبة البَحرِ.

وكلّ يتخيّل
الاستماع إلى ذِكرى الرّملِ

يهيّج اللّيلُ عجْزَ
هذه الذّكرى.
صورة هاجر تحلّق
على صفحات الأرض.
ستكون في خضمّ المياه.

بين ليلة وضحاها
وبعد إقامة ومخاض
أضافت هاجر
للقربانِ
نقصانَها.

قال الأنبياء
انهضي يا هاجر وارْحَلي.

وقال عارف
في كُتُب البحر
هناك كلمة تُعوِزُنا،
هي كَلِمةُ هاجر.

وهمس
حياةٌ سَكَنتْ إلى الأبد
في بحثٍ عمّا لا نستطيع إدراكَه
والّذي يبقى دوما على عتبة الحكاية
بَصْمَتُكِ الدّائمة.

وقال
كان الرّجالُ خائفينَ
وصمتٌ يُسائل الأمكنةَ
لفهمٍ أعمقَ لما يحْدُثُ.

وكانت هاجر تذرف دموعا فضّيّة وتقولُ

إنّه غُبارنا فيما مضى.

وقال
لقد قَدِمتْ من الزّمن الهارب.

يقف السّالكون أمام
آثارهم،
آية تواجِهُ آيةً، أمام الفراغ
وحَذَرِهِ.

إنّهم خائفون... نعم خائفون... أن يرَوا
أن يسمعوا
أن يقولوا وأن يكتُبوا.
نعم، هم خائفون من السّطرِ الّذي لا يُقرأ
المُتّجهين نحوه بلا شكّ

قال أحدهم
لقد مرّ شخص ما.

لا تحمِلُ كلُّ الآثارِ الجرحَ نَفْسَهُ.

قال الآخر
الغريب يزداد غرابةً
والرّمل يزحف نحو ذاته.

تنكسر هاجر في رِقّتِها
تبدو منتظِرة.
ويبدو الزّمنُ لا متناهيا،
في الطّريق الّتي تؤدّي إليها.
هو ذا وجهُها ووجوهُ الرِّجالِ،
ظلالٌ كثيرةٌ في مهرجانٍ
من الأضواءِ المنعكِسةِ.
في كلّ وجهٍ يتسلّل وجهٌ آخر
نكتشفه
وطريق نسلُكُها.
و"لااستمراريّة" نصل إليها.

قال الأنبياء
نحن على الدّوام النّدم
وعلى الدّوام الألم
ونحن السّاهرون على النّقصان
لا بدّ لنا أن نسكُنَ ما يبقى.

قال عارف
الوجهُ والرّحيلُ يلتقيان
في الوعدِ،
وستظلّ هي وعدا لأمدٍ بعيدٍ.
وكان علينا أن ننتظِر.
لم يبق لنا إلاّ الوصول إلى هاجر.

قيل لي
اسَمَعْ ... اسَمَعْ ...
استمعْ إلى همسِ الصّمتِ
والكلمةِ المرتعشةِ
الآتيةِ من الظّلِّ المطبِقِ!

وقيل لي
اسَمَعْ ... استمعْ ...

استمعْ ... استمعْ إلى الكلمةِ - اللّغز
الّتي سَتَبْذُرُ الحياة
وتُنظِّمُ الفوضى.
الكلمةِ الدّؤوبِ
الّتي لا تخضع والّتي تتنفّس لِترْتَجِفَ مجدّدا
لنداء اللاّمُؤكّد.

قيل لي
استمع... استمع...إلى جسدِكِ وإشاراتِه،
من يرى ويسمع ويعرف ولا يكتفي منكَ
إلاّ بامتدادِ غيابكَ
سيبقى جسدا ناعما للنّسيان
فاكهةَ موتٍ.

إذا لم تسعْكَ
الأشكالُ في عسلِ شهوتِها،
فلا تصرخْ بذلك هَدَرًا.

استمعْ... استمعْ إلى بَقايَا
قصّتِنا.
استمع إلى اللّقاء مع الصّوتِ
الّذي لا يُعفيك من الشّكوى

والآن وقد عرفتَ،
واستمعتَ،
ومشيتَ في طريق الحكاية
ولن تنسى وجهي
ووجوه الآخرينَ،
ستعلم، كالماء،
أنّ ما ينتظرُك لن يكون الظّلّ،
أو النّور،
وإنّما هذا اللّقاء،
هذا المعبر الّذي ينبثق منه بغتةَ
كلّ شيء مفاجئ،
غريب وغير مؤكد.

وقيل لي

استمعْ... استمعْ...

إلى هذا العشق الحلو - المُرّ

الّذي يحكي لكَ عنكَ

وعمّا كنتَ ستكون

أو عمّا كنتَهُ

وأشياءَ أخرى

وقيل لي

استمعْ ... استمعْ ...

لقد جئنا لاقتلاعكَ من اسمكَ

الّذي لا أحد يردّ على من ينادي بهِ.

اسمك، أرضٌ قادمةٌ، حلم ضائعٌ

جاء ليقرع

مقاطع

الوجودِ.

استمع وانظرْ إلى مهرّبي الكلماتِ،

الّذين يراقبون ضِفّتيْ السّؤال،

ثمّة شيء ما ضاع على شِفاهِهم.

في طيّاتِ حركتهم

آيات تتوه حتّى الانحلال.

استمعْ إلى المرآةِ الّتي تصمتُ وتحتفظ منكَ

بانعكاسِ كلمتِهَا.

فلْيكُنْ مُلكُكَ:
طريقا، وجها، مَعْبَرًا، مِسبحةً، صمتا، صوتا ومسافةً،
فوضى وسباتا
لتتذكّرَ.
استمعْ ... استمعْ إلى الوجهِ الّذي يطرقُ صوتَك
حتّى يكتملَ الطّريقُ إليك.
هنا، على هذا المَعبر،
تنتهي الشّهوات المُمْتنِعة،
والكلمة المستحيلة.
هنا ينتهي أرَقُ الجنونِ
وحضور الرّبِّ.
هنا المنتَهى.

قد يتسلّل المنفى بينكما، أنتَ وأنتَ؟
وقد يُهدْهدُ اللّيل نهارك
ويأتي ليصِل أحلامك بالغياب؟
قد يَهديك جسدُك
إلى أسماءِ الشّهواتِ الّتي تَفرّ منها
وحينها ستستمعُ إلى وقْعِ شيء مَا في ذاتِك
شيء تحتفظ به كوعدٍ
بالأبديّة.

ثمّ هناكَ الزّمنُ!
وماذا لو لم يكنِ الخلق سوى الفارق
بين الصّورةِ وحُلمِها.

هاجر، أيّتُها الأرضُ البعيدةُ
أنت تمشين نحو الرّبّ
نحو أسفل الرّمل

وماذا عن الطّريق؟
ترنيمة ليليّةٌ
التحامٌ عارٍ
لقد أخذت إلى جانبِكِ التّيهَ
هو ذا الرّبُّ، هو ذا الإنسانُ
وهي ذي الصّحراءُ
كان ذلك ذات صباحٍ
وكانت هذه الصّحراءُ المطيّةُ الوحيدةُ
حُفِرت بئرٌ
وشُيِّد قدّاس
أقامت قُبالةَ إخوتِها
في منتصف نهار غبارِكِ
احتُفِظ بكِ

وأضحى هذا المكان الجِزيَةَ
قال عارف
سينظرُ الإنسانُ إلى وجهِهِ
وسيكون الآخَرُ شَاهِدا

الكلماتُ الأولى على التّوابيتِ
القطراتُ الأولى على الأكفانِ

لكن ماذا عن ذلك الّذي ينْبثِق ليلاً من الحضور
بِلَا لونٍ ـ الألم الأوّل ـ
حضوره مرتبط بجنسه كإنسان
مُلتحِفٌ بلونِ الأرضِ
صاغ الألمُ من لحْمِ الطّريقِ
منعطفَ أفكاره
في خِضَمّ النّظرةِ
لم تعد هناك نظرةٌ
وفي منتصف اللّيلِ، لم يعد هناك ليلٌ
وفي كنف النّور كانت الدّهشةُ

قال أحد الأنبياء
في جانبٍ من العالمِ

تهالكتِ الأشكالُ
وفي الجانب الآخر كانتْ سَارِيةً دون انقطاعٍ.

وقال آخر
سعْياً نحو الانعكاس يبحث الاسم عن وجهِهِ.
المتساوِي الآخرُ مع الصّمتِ
هو نقاءُ الاعترافِ الذي لا يُخدش
الحيطانُ المتعدّدَةُ تُضافُ
إلى العدَدِ.
مهما عرفتِ يا هاجر فلقد رأيتِ
مولدَ الموت
بشفافيّةٍ، تَبهرُ النّارُ
كلّ من ضَلّ.
وقال
صرخاتُها طُرُقٌ
نقطعُها
من أجلِنا ومن أجلِها
من البعيدِ إلى البعيدِ
نحمل قصّتَها بين طيّاتِ قصّتِنا،
على عتبة اللّيل السّحيقِ.
وقال الآخر
أبوابُنا مفتوحة للصّرخات،

في البئر الّتي تراها هناك،
تركنا لَيالينَا
وحيدةً، تَسْهَر على المجنونة
إنّها تحرِقُ وجوهَنا.

وأضاف نبيءٌ آخر
كانت دائما تسألنا أن نحبسها مع
البحر
ستروي لنا قصّة النجمة الهاربة نحو ذاتها
والمحيطِ الّذي يهروِلُ في المحيطِ.
وقصّة الغُراب التّائهِ
في حِبْرِ الأصواتِ.

تقول إنّ لها محطّاتُ غيابٍ
في ليالينا،
وإنّها نَحنُ على هوامشِ
الكلماتِ.
قال
لا شيء أكبر من سماءِ
سمائك
وكم من سماوات يلزمُكِ
لتَبلغي الحلم الّذي يسكنك؟

بيّنا كان ألمُ ظلّها،
بقي الكثير من الظّلّ
علينا أن نعرفَه ونوضّحَه،
جليّا كان ظهرُها،
معبدا، مضيافا تحت سماءٍ مرمّلةٍ.
واللّيلُ يُمعِن في إشراقِهِ،
لا صوتَ يخترِقُه.
لم تفقدْ آثارُ الغبارِ
شيئا من الإعصارِ.
تنسى هاجر مرّةً أخرى
أن تُدرِك النّفَسَ العالي والواضحَ.
فهو يُفتح ويُغلق
ساعةَ العودةِ.
يُفتَح الهوينا،
ويُغلَق الهوينا.

قال عارف
من يهتمّ؟
الرّيحُ الصّرُّ أمام العين اليائسة
حول أرضٍ من الدّموع.

يَجِنُّ اللّيل البهيمُ هناك،

هناك حيْث نثوي صرخةً.

عندما نَحْلُمُ بما هو غيرُ قابلٍ للانصهارِ
الحُلْمِ الظّاهرُ المنقوعُ في الحلمِ
المتّجِهُ حيثُ يستقِرُّ النّظرُ،
نحو الصّمتِ الرّهيبِ
وعندما تلامس النّظرةُ ما يصدّه النّظرُ
فضاءَ الشّفاءِ الّذي لا يُقرَأ
فإنّنا ندفن الحُلْمَ كما ندفن
الصّرخةَ
عالمُ شهوةٍ، حقلُ أوهامٍ
عناق أحلام مثيرٍ للإعجاب
ما يكفي لتنويم البؤس

وصَلْنا إلى النّهر،
حيثُ الانهمار المشكوكُ فيه للماءِ
أوَ علينا أن نترك الموجاتِ تَطفُو؟
ماء على ماء،
ماء يغار من سِرّه
يتأرجَح بين القولِ والصّمتِ،
بين الآيةِ والكتابةِ
اضمحلال للأثر، للحرْفِ،

القادِرَين وحدَهُمَا على حَجْبِ الفوضى.

يدّعي القرويّون أنّ
البذرات الفاسدةِ
تموت بدَلَ أن تنبتَ.
فيقومون بدفن المجانين،
الّذين إمّا أن يولَدوا طبيعيّين،
وإمّا أن ينقرِضوا.

يوما مَا دفنُوا هاجر لِ ...
تكون مولِدًا جديدًا.
ومنذ ذلك الوقتِ لم تعْرِفِ القريةُ صمتا كهذا.
صمتٌ يزيد الصّمتَ عُمْقًا
صمتٌ يكمِّل الفراغَ
وطريقُه مسدودٌ.
موتٌ في الموتِ.

يترك القرويّون المدفونَ في
المقبرةِ للبحثِ عن آخرَ
أبعَد و ...
إنّه لعمى البصيرةِ والجهلِ
ومسّ من الجنونِ!

كان أحد الأنبياء يقول هامسا
في الظّلِّ تقبعُ وجوهٌ متماوِجةٌ
وتتجاهلُ الورودُ المَرايا.

وها هي ذي المجنونةُ إذن مرّةً أخرى
تخدِش السّوادَ
المنهمِلَ على الجوانبِ
من حلقها يسيل صوتٌ أصمٌّ
بلا لونٍ ولا جرسٍ، صوتٌ مُلَولبٌ
حيث تنامُ الغرابةُ
ضبابٌ من الغبارِ
فيضُ غريبُ السّوادِ من حُبٍّ صبورٍ
ربّما ذات يومٍ، أنتم، عابرو
المقبرةِ والآتون من الظِّلِّ
ستعترِضون سبيل فتاةٍ
ملتفّةٍ في كفنٍ ملوّنٍ،
كتفاها عاريان وعليهِما وشمٌ، وعقودٌ من الأحجار
حول رقبتها الشّاحبةِ
لا تقولُوا في قرارة أنفسِكم
إنّها امرأة مطلّقةٌ أو مجنونة تائهة،
إذا مدَّتْ إليكم ساعديْها الدّاميين
فلا تسَألُوهَا عن اسمها

ولا عن اسمِ الأرضِ القادمةِ منها
ولا تُعِيدوها إلى قبرها
ولِأنّها انتظرت البُشرى الغريبة
فهي القمر ذو الأجنحة البرّاقة.

دون كللٍ
تنتظِر انطلاقةَ العصافيرِ
ولمعةَ النّدَى البعيدةِ
وابتسامة غريبة تعلو مُحيّاها.
لقد حان الوقت، الوقت الّذي تتغلغل فيه صرخة المجنونةِ،
في الزّفرات، مع رفّات الدّموع.

بين وجهي ووجوه الأنبياء،
يكفي حضورُكِ يا هاجر.
بين ليل وصمتٍ، يحيي نهر أيّامك الورودَ.
هم ينتظرون في ليلهم، ذاك،
لغز شفتيكِ في صبر.
حياتهم متوقّفةٌ، يتمنّون رؤيةَ كلمتِكِ وهي تحترق.
كلمة كالبِلّور، نافذة مفتوحة على انعكاس نور الحقّ،

خُدِشت عميقا في يومِهم،
وسطعت بوهجٍ في نورِهِم.

أخّري الصّمت، هذا الرّاعي للحكمة،
سرابٌ من الماء والقمح،
مجرّد رؤيا.
أخِّري اكتشاف اللّيل،
هذا الشّيء المظلم الّذي يطفو.
ياله من ذهولٍ،
ها أنتِ ترينْ نفسكِ على حافةِ الجنون
بل قيل إنّك موعودة بالجنون.

تنْبثقينَ من العدمِ لتِهبيهِ الحياةَ فيحبّه الجميع ويداعبونه.
لا يختلط الزّمن بزمَنِكِ
وعندما يتوقّف قليلا،
لا يُعرض عن زمنِنا.
تهوي شمسُكِ فنضَلّ الطّريق
في نور جنونِكِ،
في قِصص جنونِكِ.

أضاف أحد الأنبياء
لا وجهَ للجنون،
نحن أغرقنا معالمِه
في غَياهبِ عقلنا.

كان يكفي يا هاجر أن تكتُبي على لوحاتِ تابوته
كما فعلتِ من قبلُ.
أن تكتبي اسمه وتغطّي جسده
بأصغر كتلة ترابٍ مرتحِلةٍ،
بغبار شريدٍ دون ريح
فتتقدّم دموع وتحمِلُ معَها
حزنَ غرابتنا.

هي ذي تجلس على حافّة النّهرِ،
بجانب البئر وتصرخُ
تقول
أيّتها المياهُ لا تنتظريني، فأنا العودة،
وأنا النَّفَسُ المتموّجُ للأحجارِ،
أيّتها المياهُ لا تُنيري ليَ الطّريقَ
فأنا أتقصّى آثار الّذين نسوا.
في هذا السَّفَرِ وجهٌ يَحْدُوني
نحو ماء الصّباح الشّاحبِ.
تراقبني العينُ الّتي تحْفَظ وضوحَ
الأشياءِ البسيطةِ،
ينتزع الرّملُ ذاتَه من الرّيح
ويميّز النّاسُ الطّرُقَ.
وتقولين

طريق الحُفرِ والظّلام
لا بدّ لي من السّفر،
من التّيهِ في صمتِ الصّخور
ـ أن أحلم أنّي حُلْمُ الآخرينَ ـ
بحثا عن حكاية
تُبيحُ للآخرين الحياة.
هل كان لك حُلمُك يا هاجر؟
وهل تذوّقتِ حُلم الآخرين؟
يقول الأنبياء إنّكِ كنتِ تختفين من حينٍ
لآخرَ،
تختفين وراء القمر،
الّذي كان مسارا حارقاً مفتوحا لجسدكِ.
في فِراشي كنت أدير وجهي
نحو نور جنونِكِ
بحثا عمّا يمكّنُني من الحياة،
في اللّيل، يا هاجر،
أنتِ زَوْرق يصعد إلى السّماء.
وحيدةً أنتِ على راحةِ يدِي،
صرخاتُكِ تجمُدُ
ويقهر الزّمنُ يَدِي.
وِحدتُكِ تصوغُني من جديد،
صرخاتكِ تسري في عقلي كالعدوى

ولا تنطفئ في غفوَتي.
جنونكِ لا يهجُرني، بل يحمِل معه
انتظاري أمام حُطام الكوْن.

لكِ شكلُ الرّيح
أنتِ الأحجار الملقاةُ على وجهِ الكون
وغدا ينزلق الصّمتُ على هاوية
عقائدنا الواهية.

في الجرح وكلمتِهِ
المهدَّدة باستمرارٍ
لا يُنادَى إلّا الصّمتُ.

لا يسعُنا أن نكونَ إلاّ إنكارا
للآخر ولأيِّ كانَ.
لا شيء يجمعُنا،
لا مكان يسعُنا،
هوَسٌ هي كلُّ محاولةٍ
لاتّباعِ أيِّ مسارٍ.

ما عساه يكون
سببُ تخلّينا عن تساؤلاتِنا؟

هل لنا أن نقترِب - أكثر -
من صمتِ السّطوحِ؟
وهل لنا أن نقترِب - بأكثر حدّةٍ -
من النّدم؟
حلُمتُ بالتّعرّفِ عليكِ يا هاجر الغريبة.
بين أمل الحياة
ويأسِ الولادة،
كان حضوركِ،
كان غيابُكِ
منبهرا وجدّ قريب.

قال أحد السّالكين
في هذه الحكاية
قد تكون كلّ عقيدةٍ
قد فَقَدَت قدرتَها على التّقبّل،
وربّما يكون الجنونُ أيضا قد هجرَنا!
وأضاف آخر
إنّ شكلَ الانعكاس هو الّذي يدعمُ العالمَ.

قال يعقوبُ
أنا النّبعُ وكان الرّبُّ فيهِ،

يتأمّلُ وجهَه على سطحِ الماء
يسألُ المَرأةَ
هل ترين وَجهي يا امْرأة؟

فتجيبُ المرأة
لا يا مولايَ،
أنا لا أرى إلاّ الأعماق
المُرصَّعةَ بالظِّلالِ
فيُضيفُ الرّبّ حِينئذٍ
بلِّغِي الرّجالَ
أنْ لا وجهَ لي!
فتُعلِمِ المرأة الرّجالَ أنّ الرّبّ
هو الغياب.
حينها يُنادي الرّبُّ
أيّتها المَرأة، هل تسمعين كلماتي،
تلك الّتي بنيتُها
صرحا تَحْتَمِينَ فِيهِ؟

مولاي،
أنا لا أسمعُ إلّا صمتَك
في ظِلّ كلِمتِك
يتساءلُ الطّريق.
بلِّغِي الرّجالَ إذن

أنّ الرّبّ ضمانٌ
لكلِّ كلمةٍ
فتُعلِن المرأة
الرّبُّ هاويةٌ، تَحُفُّها الوِحدة،
وضوحٌ وظِلّ
في انتِظارِ الخلْقِ،
رمادٌ لا يقرأ يُمْلِهُ الوجهُ.
صمتٌ بِلا صمتٍ.
نسيانٌ يلعن نِسيانا آخَرَ.

ودَعَا الرّبّ إليه المرأةَ ثانيةً
أيّتها الذّكرى البريئةُ
يا مكان المنفى الأبديّ
هل رأيتِ هذا المنزل،
هذه الصّورَ وهذه الذّكرياتِ وألعابِ
الظّلّ والضّوءِ هذه،
أكُلّها من خلق مولاكِ؟
بلا حركةٍ ولا ضجّةٍ قالت المرأةُ
فِكري مبهورٌ
وسؤالي لا يُفهَمُ
إلاّ في ظِلِّ
أسئلةٍ أخرى في طريقِها إلينا.

وقالت للرّجال
الوضوح بدون شكٍّ
شأنُ الإنسان.
لا وضوح للرّبّ
إلاّ فيما يَهَبُ لنفسِهِ من اللاّوضوح.
صورة قديمةٌ.
صورةٌ بلا وجهٍ.

قال يعقوب
... بِلا أملٍ يرتدّ اللاّمُتناهي حسيرًا.
حيث اكتمالُ الكُلّ والخطِّ،
والمقياسُ المجهولُ للحُدود.

وأضافت المرأةُ
يجهلُ الرّملُ الصّحراءَ الّتي يحتويها،
ما الأمواج إلاّ كلماتُ المحيطاتِ
ولا يكفي بياضُها
الكلماتِ.
وقالت
ربّما كنتَ نائمًا يا مولايَ؟

أجاب الرّبّ
وما النّومُ،
إلاّ كِتابتي!

وتُضيفُ المرأةُ
لا نوم إلاّ
في غياب الرّبِّ،
ولا مكان إلاّ
في غياب المكان.

الرّبُّ:
يأسُ الإنسانِ
هو أن لا مهرب
من صورةِ الرّبِّ.

على سُفوحِ الكلماتِ،
يتأرجحُ الإنسان،
بين الصّمتِ والفراغِ.
لا يصِف الألمُ إلاّ وحدتَه.
هو باختصارٍ يشيّدُ انتظارَه.
قال يعقوب
تسبِق السّماءُ الصّمتَ

وتُسائِلُ الكلمةُ الكلمةَ.

أجابت المرأةُ
يعشقُ البعيدُ الأفقَ اللاّمتناهي،
حقلٌ يطفو في انتظارِ
وجودِهِ.
لحظةٌ خاليةٌ من سماءٍ ومن أرضٍ
تلك هي صورةُ الرّبِّ.
إعادةُ اللّحظةِ
إلى مسكنِها الأبديّ،
وأجاب الرّبّ
أَوَ يُمْكِنُ أن تكون البياضَ
الخالِصَ من السّوادِ الّذي نخضعُ إليه؟

قالت المرأة
يهجُرُ الظِّلُّ النّورَ
نحو ظِلٍّ أكثر امتدادا،
تهجُرُ الكلمةُ الصّمتَ
نحو صمتٍ أكثَرَ رهبةً.
عدمُ الإيمانِ بربِّ القريةِ
يجعل الخطرَ مُحْدِقًا.

مشيتُ في اللّيل
بحْثًا عن ملجئ.
كيف لي أن أنام
في مكانٍ محفوفٍ بالعِداء كهذا؟
همس يعقوب
سنشبه بعضنا البعض
في الخوفِ وفي الموتِ
وسنُداهِم
ليلةً تسمّى الرّبّ
الرّبُّ ليلةٌ خريفيّةٌ.
ما من نهارٍ يطلعُ دون أن ينطفِئ
ولا آمالَ تداعَب دون صمت
سوف نَنظُرُ بإعجابٍ إلى القمرِ الّذي يمُدُّ ضياءَه
وسوف نحبُّ السّماوات الصّارخةِ.
سنُغنّي لغيابِ الرّبّ.

وأضافت المرأةُ
حياتِي تشتاقُ إليّ
وما الذي نفعلهُ بهذا اليومْ،
ربّما نكْسِرُ عقلَنا!
أو نجعلُ من السّماءِ ثورةً مندهشَةً.

واستنتجت
يا لهذا العقلِ المسكينِ!

يوما بعد يومٍ وحدادا بعد حدادٍ،
يتّجهُ الرِّجالُ
نحو حقيقةِ الموتِ،
نحْو الانتهاءِ والازهارِ في نفْس الوقت.

وهكذا تهيم هذه الحكايات تحمِلُها
إرادتُها
وإرادةُ الأنبياءِ، حكاياتٌ لا تنهار
ولا تموتُ
إلاّ على أراضٍ أجنبيّة.
هذه الكائناتُ
تفنى في حيّز قصّتِها،

وكأنّ إرادتها
ألاّ تقعَ تحت السّيطرة،
أرواحٌ مهاجرةٌ من المنفَى إلى التّيه،
مواليدُ تتّحد
مع موتَى ربّما لإكمال
عمل لم يكتمِل.

كلُّ مطلعِ يومٍ هو للرّجالِ ولحكاياتِهِمْ
وقفةٌ جديدةٌ.
حوارٌ في الظّلّ.

من الآن فصاعِدا، الكواليسُ مشغولةٌ
بنَفْسِ الرّجالِ الأوّلينَ.
تنحتُ الحكَايا وُجودَ هؤلاء السّالكِين،
كحائكِ كفنٍ يجتهد في عمله.
وكأنّها تُرافقُ
إلى أبعد الحدودِ آخِرَ
الأشباح،
العاجزين عن تدنيس
ما ظلّ مقدّسا
وتُحافِظُ عليهِ بحرصٍ
كدرّةٍ مكنونةٍ.

يَسْجَى اللّيلُ من دونهم
ذهبوا، كظلالٍ منتبهةٍ،
يفكّرون، يتخيّلون
ويحلُمون بذكرياتهم المحتومة
ويَسهرون على البصيصِ الخافت للنّسيان.
سيُرفَضُ لهم حقُّ الكلمة

وستذوب شعلةُ الكلِمات السّاطعة
في أعماقِ جُرحِهِم.

للطّريقِ أثرُ ذاتهِ
والخطّ اللاّمُتناهي للفراغ.
نهايةٌ مرجوّةٌ بلا جواب
حيث تلمعُ خُطى.

كان من الممكن أن نقرأ على أكْفَانِ الكلماتِ،
دورة الظّلالِ.
دورة ظِلالٍ لا اسم لها، ولا عُمق لها.

سِلْسِلَةٌ من القبورِ المفتوحةِ
اللاّهثةِ النّاضِحةِ رملاً.
كانت في حاجة إلى وجوهِهِم
حتّى تكتشِف ذاتها.
لَكِنْ ليلتَها كان العذابُ يشتاقُ إلى الوضوحِ،
كاشتياقِ الرّملِ إلى الرّملِ.

صحراءُ عيونٍ باديةٌ في غَوْرِ العيون.

أوَ ليس هنا تتفتّحُ الزّهرةُ
على بتلاتها المندهشة
أوَ ليس هنا تستمعُ الشّجرةُ إلى الظّلّ.
من النّورِ إلى النّورِ،
كان اللّيلُ يطالِبُ بحَلَمةِ النّهارِ،
ببياضِ هذا النّهار.
إلى يومِنا هذا سَارَ السّالكونَ
طوال الغيابِ،
كانت حدودُ الصّمت شاسعةً،
وضفافُ التّيه
تشدّها إلى أوتاد التّاريخ.
لقد بلغُوا وكْرَ العطش
حيث يسيلُ الماء المقدّس،
وحفرُوا عميقا
في صَدْعاتِ الرّملِ
حفرُوا في جسدِ المجنونةِ.
لم يكن لديهم الوقتُ الكافي
أوَ ليس هنا سِجنهم؟

رحلوا عن قصّتهم
وغرفوا من الأرضِ،
الأرضِ المناسبةِ.

قال عارف الشّاهد
هاجر، بينما هم يجرعون من الفراغ في صمت
أنتِ تتّجهين نحو المحرابِ
محرابٌ تنقصُه عتبةٌ،
عتبتُكِ يا هاجر.

هي المجنونة نفسُها والمرأةُ نفسُها.
تتعدّد الأسرار الدّفينةُ نفسُها في ثنايا جسدِها،
من خلال الرّجالِ
من أجل الطّفولةِ نفسِها والأماكنِ نفسِها
كالفراغِ الّذي ينادي الفراغَ
والأدراج الأدراج،
تَسْتَسْلِمُ للتنبؤ بها
وتدعونا للتّيه.
هناك في الأسفَل
خيال.
هل هو رجُلٌ؟ أم امرأةٌ؟
بقعة ظِلٍّ تبعدُ -
تقرُبُ.
ضوءٌ ينهارُ -
يتصلّبُ ويخطئ هدفه.

يبتعد الظّلُّ،
يتفادى وحدة الصّورة.
يبدأ حينئذ، هناك في الأسفل،
الرّجل أو المرأة أو الخيال في الحُلم.
في اللّيل، هو أو هي تنتعشُ وتشربُ من مَنْبَع
كلّ الجواهرِ.
كلُّ ما وُهِب لها هي حقيقةٌ بهِ.

لم تكن الذّاكرةُ الماضية أو اللاّحقة
إذن إلاّ ضربا من ضروبِ الهذيانِ.

كم يلزم للرّجلِ - المرأة
بدون وجه، بدون شكلٍ،
البائس - أو البائسة - هناك في الأسفل،
من شذراتِ شهوةٍ،
ومن زمنٍ للانفصالِ
عمّا رأت عيناهُ - أو عيناها -
والشّكِّ - بصوتٍ عالٍ -
في فسفورِ المشابهةِ؟

هلاّ رأيتَ شجرةً تحادث الأشجار؟
رجلا أو امرأةً

يحادث ـ أو تحادث ـ الأحجار باسمِ الأحجار كلّها؟
في كلّ سماءٍ ترتبط ألفُ سماءَ.

في حليةِ عينيْها،
تحمِل مِرآةً، بلا انقطاعٍ، الخيالَ بعي ي ي ي دا
هل كانت خيالاً؟
هل كانت صورةً؟
هل كانت هاجر؟
يرفّ الظّلّ على السّفح بدون وجهٍ،
وتبقى عيناهُ لتُحييَا ينابيع القِمَم
بأذرُعٍ مبسوطةٍ تُخصِبُ نظرتُه
غبارَ الموتِ.
قاتمُ السّواد ليلا ونهارا هو والسّماءُ
مهجور من الأحلام،
تُفسِدُه أبديّةٌ غريبةٌ،
عديم الوجودِ، بلا هدف،
تحرّم هذه الصّورة الغائمة
المختفية وراء ظِلّ رجلٍ
على نفسها حلما هي حقيقةٌ به،

تنتزع اللّيالي من رغبتِها
وتنطقُ باسمِها لتنسَى.

بدون سذاجةٍ ولا غضبٍ،
تدير وجهها عن ذاتها وتحرق نفسها
يذيبُها الضّوءُ، هناك في الأسفل
وتهجرُها الكلمةُ على امتداد الابجديّة.
تعشّشُ فيها الألغاز
زفرات مُخْتنقةٌ
في أدراجٍ من العذابات
أماكنُ بعيدةً المنال
هناك، صورة محتومة.

قال يعقوب
نحن لا نطالُ الآخر، إنّما هو يطالُنا.

الحَجَرُ، النّومُ، التّبصير،
حوار أثناء النّوم
بين الإنسانِ والحَجَرِ.

أفقٌ برتقاليٌّ، بنفسجيٌّ، أرجوانيٌّ، أصفر،
مقبرةٌ يبرُقُ فيها الضّوءُ بعنفٍ
قبورٌ ممتدّةُ الأيْدِي
نحو كمالِ الصّمتِ

جبالٌ تفرّقنا عن
رِعْشاتِ العريِ
ويفصل بيننا الموت.

وهذه المنازلُ المنخفضةُ جدّا، المتلاشِيةُ
على راحاتِ الأيدِي،
الغير بعيدةٍ من هنَا
في وكْرِ عينَيْها
ينتصب حجرٌ.

شمسٌ من ذهَبٍ ومن سِفاحِ قُرْبَى تُلحّ لتنامَ
في خدرِ قمْحٍ
يغيبُ في تحليق السّنابلِ
الضّوءُ حارقٌ
في أعماقِ الوجوهِ المُنْقبِضة.
تهيم الأرضُ في سوادِ الأرضِ.

هل لنا أن نسجّلَ، أن نجمّعَ الأسماءَ، والأقدارَ،
والأحجارَ على قِممِ
هذا الجسدِ المسكونِ بالغبارِ
ونؤمنَ بالمعجزاتِ.

قال عارف

وماذا عنكِ يا هاجر؟
غبارُ الغبار؟
مَنْ منّا سبِق الآخر
في التّيهِ؟
هل لنا أن نتيهَ خارج المسبحةِ،
خارجَ أصابع اليد الخمسَةِ الّتي تلقي بالتّعويذةِ؟
على أُسُسِ القدرِ،
أرى المرأة
حامية المصير وآية الجسد المفكّرة
الّتي تختبئ من الرّبّ وأبجديّته.
آية ثابتة
في شعار الكتّابةِ
تجد شبهَها
في صيرورةِ القراءة.

قال أحد السّالكين

وماذا عن هاجر، هذا الخيال؟

لا تفرّقنا الجبال
بل هي تربطنا
بذاكراتٍ عديدةٍ
وبأقرباءً من النّاس.
نحن نرتادُ الذّاكِرةَ كما
نرتاد الجبالَ.
وقال آخر
خدشٌ في الأفق.

فراغٌ في الوجه الّذي نبحث عنه،
غيابٌ فيما وراءِ السّفح.

وقال
أن نستمع، أن نرى، أن نُحسّ
في صُلبِ ما هو بصددِ الموت.

في ذاكرته الطّفوليّة
يصِلُ بطء الكلِمةِ حدَّ
الاختلاطِ بالنّسيان.

وأضاف
الذّاكرةُ الّتي أبحثُ عنكِ فيها

جبلٌ بلا شجرٍ،
صلبةٌ كالزّمنِ
وأنتِ بجانبي سَتَنْجِين بنفسكِ من جبلٍ
كلُّ مسار فيه هاويةٌ متنقّلةٌ.
أرى شكلَ الجبلِ يتغيّرُ
والزّمنَ يستهدِفُكِ
واللّيلَ منتصبا يلتحِقُ بكِ.
يمكنكِ أن تتحرّري من وجهكِ
وسأقُودُكِ إلى معبدِ الذّاكرة
مع أرضِكِ الخفيّةِ،
ستكونينَ في البحرِ، في القِيَامة
ولعبورِ الذّاكرة، ستشكّين.

لكلّ موجةٍ سبات.

وقال آخر
أجسادُ مشوّهةٌ، رؤوسُ مقطوعة،
يسكنُنا الخوفُ
ويخنُقُنا
في اللّحظة الّتي نريد فيها أن نمتطِيَ صَهْوة قلوبنا،
نواصل الدّوران.

وواصل
أنتِ تفتحين منعطفاتِ ذاكرتكِ بقلبٍ مشوّهٍ،
بجسدٍ وهِنٍ لن يسعفه الزّمن بالصّمود طويلا.
وأضاف
حدود السّاعاتِ، عَجَلةُ الجُروح،
تتسلّق ليلا
وتقتفي الصّرخاتُ أثرَ من هَجَرَها.
وأضاف
ألمُ – المجنونة – هاجر
وجنونُها لون عَتَمةٍ نابِضةٍ،
تشوّهها الصّرخةُ اليقظةُ.
ها أنّها تتنقّلُ، تتكلّمُ وتنامُ،
تحرّكُ وتخترق ظِلَّ الصّباحاتِ
هي ذي تقبّلُ الزّمنَ
وتعيد كلّ مرّةٍ بعيْدَ ذلك
هزّ كتفِيْها.

يكفي لِلْبَديهي أن يكونَ،
بَدَاهةً لِتسيطر الصّرخةُ على اللاّمُتناهي.
هل أنّ هاجر حقّا مجنونةً؟

المنزل المنخفض هناك ... في الأسفل،
الّذي نراه عن بُعد، بسطحِهِ الأبيضِ،
يخشى العلوَّ ويُشْرِفُ على المناطقِ المُحيطةِ
الّتي لا يسلكها أحدٌ.

كالظّلِّ،
تصبغ نومَ يديْها
وتختفي الأشجار تحت أجنِحتِها.

تتكلّمُ هاجر، تصرُخ وتصرخ
واهنةً متردّدَةً
يهرِمُ الصّمتُ في عينيْها.
تشبه غصن
زيتون جافّ.
تُسمعُ صرختُها من بعيدٍ
وتدوّي
في صُدور السّكّان.

قالت
أمّي،

عرفتُكِ من عُذوبةِ صوتِكِ،
من شُجيراتِ وردٍ في نظرتِكِ
الّتي ما فتِئت تداعب ظِلّي فيما مضى
كلّ وجهٍ مشهدٌ للألمِ،
كلّ مشهدٍ في تيهٍ،
أخّاذٌ، بدون ذكرى.
تكبُرُنا هذه المشاهدُ سنّا
لم نبقِ في ذاكرتنا بين نهارٍ وليلٍ
إلاّ بَعض الوقَفاتِ.

قالت
من أنتِ أيّتها المجنونة هاجر؟
أنتِ اللّيلُ وتسيرين نحو اسمِكِ،
هاجر الزّرقاءُ، من أنتِ؟
تُعوِزُكِ النّظرةُ، أنتِ،
يا من كنتِ رغبتَها ونَفَسَها.

أنتِ اعتقُ من المنزلِ المنخفِضِ،
وأكبرُ سنّا من النّهار.

قالت
طلبتُ من الوضوحِ
إشارةً من عينيْها المُحَرَجَتينِ
صبرا يا هاجر فقد أضاع النّسيانُ قصّتكِ
لي منكِ الجرحَ،
ومن الغيابِ الحياءَ.

في كلّ مرّةٍ، أطوف حول القريةِ
وأقطع مسافةَ عُيوني،
كان عليّ دائما أن أجد طريقي
نادرا ما أكون محْوَرَ الحديثِ.
لا شيء أو رملاً، رملا مجنونا وراقِصا.

استنتج عارف
هكذا، نحن نفْسُ الرّملِ
نفْسُ القلقِ
كنّا هَاويات،
قِطَعٌ من عُزْلةٍ
يُضفي عليها الحُلُمُ ألوانا ويمدّها.

أمّي، لقد قدِموا،
ذات ليلةٍ عابرةٍ
ودقّوا بابي بعنفٍ.

هم
افتحي هذا الباب يا هاجر
من الطّارق؟
افتحي

وإلاّ حطّمنا هذا الباب

في أيْدي هؤلاءِ الرّجالِ مفاتيحُ يا أمّي،
كلّ مفتاحٍ مختلفٌ عن الآخَرِ
وكان هناك الصّمتُ.
جاؤوا من الأرض.
حولي ضجّة مفاجئة
ثمّ صلوات
أضحَى جسدي جسدَهم
كان اللّيل يرقُص على خدّيّ
ووضوحُ القمرِ على شَعرِهِم.
لقد بَحثُوا في كلّ مكانٍ، يا أمّي،

كانوا يقولون إنّهم وَرَثةُ السّماءِ،
الكلِمة، الضّحكة، وإنّهم
الجنون، الجسد، الموت والحياة.
سأُعطيكُم كلماتي
وحواري في صمت.
كنت أقول لهم إنّي وفيّةٌ لزهورِ
صرخاتي،
وإنّي كنتُ أحكِيها،
وأحكي قصّةَ شجرة الزّيتون الّتي تنتظرُني.
قالوا لي انّني سقوط كلّ شيء،
نسيانُ الشّجرة لظِلِّها.

كانت تصرخ في الطّرقاتِ
تَسْتجْدي الأثرياء،
وتُبدي بعنفٍ جسدَها.

لا شجرةَ للجسدِ المُعذّب
لا شَعْرَ
لصباحٍ يسْتسلِمُ
لا أثرَ
لبياضِ الصّمتِ
ولا لِتحليقِ وجهِها عالياً.

هاجر، لقد تركتُكِ بجانب شجرةِ الزّيتون
المنتَظِرَة والبئرِ النّاضِبَة.

قال أحد السّالكين
أمّا عن عينيْكِ يا هاجر، فإنّهما من حولِنا
تميلانِ إلى نورِ الزّهورِ
أنتِ وحيدةٌ، أنتِ الجناحُ.
رأيتُ أيادٍ ممدودةً تلتقطُ فُتاتً من سماءٍ لِتقتاتَ.
أنتِ تعيشينَ الحُبَّ الثّمِلَ بكلمةٍ مُهَدْهِدَةٍ
وماذا عن عينيْكِ
اللتين كانتا تعرِفان الطّريق إلى القلوبِ؟
أنتِ تتعذّبين من جديدٍ
مع آخِرِ ريحٍ.
هاجر، أعيش بين صرخاتٍ
مثل صرخاتِكَ.
إنّها زهورٌ تذبُلُ.
أنا أتحدّثُ باِسمِك وباِسمي
باِسم شعاعِ ساعتِكِ النّديّ
لا أحدَ يقلَقُ عليكِ في أيّ مكانٍ
أنا أتحدّث باسم حياتِك وباسمِ موتِكَ.
يلُفّ الصّمتُ الأماكِنَ المُحيطةَ
ونهرمُ في شكلِ تمثالٍ برونزيٍّ.

للصّباحاتِ أسبابٌ للإيمان.
استمِعي إلى قدومِ الصّباحِ
وخفقات ستائرِه.

لا أغصان للنّظرةِ.

انظُرِي إلى الظّلِّ يا هاجر.
إنّه ينام عندَ قدميْكِ.

أنت تنقُلين الأحلامَ إلى سماءٍ سجينةٍ.
تلك السّماءِ الّتي لها عمرُ أحزانِنا.

قال
يريد فجر الأحزانِ أن يكون عهدا
جُرحا محتومًا يستفيقُ
وينامُ مع القمرِ.
أُنظُرْ إلى وجهِها،
وجهٌ يسكُنُ جروحَنا وتجاعيدَنا
انظرْ إلى هذا الجسدِ، ففي ارتعاشتِهِ
يتقدّمُ شيئا فشيئا في أجسادنا
ويسكُنُ أنينَنا.
لَفظَ وأُقْصِيَ عن طُرُقنا
ثمّ دَعَتْه من جديد.

ويختم قائلا
حضورٌ غريبٌ نُلحّ في نسيانِهِ
حضورٌ منفصلٌ عن آثارِنا
عينٌ في حضرةِ صمتٍ
كلمةٌ قيلَتْ على عجلٍ ليلاً.
حضورٌ جاهزٌ لِينقضّ على وجوهِنا،
لِيَتعقّبَ خُطانا،
لِيُكلّمنا باسمِ ذاكرةٍ ما.
ها أنّها تبتسمُ فنقولُ عنها
إنّها تلك الّتي تهيمُ
من وجهٍ إلى آخر.

قال أحد الأنبياء
آهٍ، أيّها اللّيلُ، ستنسْبحُ
في شفافيةٍ مجروحةٍ للعين
كلّ عينٍ تساعِدنا على فقدان اللّيل
ما أن نُبِذْتَ،
حتّى يُستَشَفُّ الحزنُ إلى نهايةِ الزّمنِ،
كما يُستَشَفُّ في صخرةٍ تحيَى في الحلْمِ.
عقدةٌ صُعِقَتْ بِالأبديّةِ
حتّى تبلُغَ أشدّ الضّيق.

وأضاف
آهٍ، أيّها اللّيلُ، سنبدأُ ونعيدُ،
مسارا من الكريستال.
هوّتنا الأكثر اتّساعا.
ليلةٌ طويلةٌ
تحملُ في طيّاتِها حِدادَ استمرار الزّمن.

آهٍ، كم تَقاذفتْنا المساراتُ،
وكأنّه نفس المسار،

كلّ أنّةٍ لها صوتُ الوردة،
والصّوتَ المعهودَ للفراغِ
في مهابة غيابه.

السّيرُ في الأبديّة،
التّحفّظ من النّهار،
مرآةُ النّسيانِ الحاذقةِ.

كانت دائما تقول
حيّةٌ بصوْتي
عينٌ جوفاء
شاطئٌ غائبٌ
تلقّيتُكِ كالصّاعقةِ، يا هاجر.
هي تحترق بنار الغياب
اسْتولتِ الدّموعُ على التّجاعيدِ
كُتِبتْ سُطورُ حياتِها بعطشٍ نقيٍّ
يمزّق ليلةً انتصبتْ
لِتهلَكَ على يدِ أشباحها.
كلّ الطّرُقِ تَعرج إليها
وتَرجِعُ إليها.

كانت أحيانا تغنّي
يا حبّةَ الرّملِ
لقد أعطيتِ اسمك للرّبّ
عندكِ أكثرُ من وجهٍ
وكانت ليلتي مدلّلةً
منذ البدايةِ.
حبّةُ رملٍ
حبّتي.
إلى الأمام،

يجب أن نسيرَ مباشرةً نحو الجرح
تموت الشّجرةُ وتستسلم الأرضُ.
وأمشي، أحُومُ
فوق أشكالِ الظِّلال المختلفةِ.

وكانت غالبا ما تقول

موتُ الصّرخةِ،
صرختي وصرخةُ الآخر الّذي أحمِلهُ،
صرخةِ الإنسان
موت الصّرخةِ الّتي كانت صوتَهُ،
والغيابِ الّذي كان صوتَه،
والعشبِ الّذي كان صوتَه لدَى النّجومِ
تنهّدَ الموتُ تحت جِلدي،
وبصق جرحا ربّانيّا يتقدّمُ نحوي.

وتواصل قولها
أنا أتذكّرُ،
ذلك الصّباح، يا أمّي، بشعرِكِ المشتعِلِ نارا،
ويديْكِ الطّينيّتينِ،
اللّتيْنِ تتوقّفانِ في جسدي
لِتقتلِعاني من هذه الصّرخةِ الشّاحبةِ.
كانت يدُكِ،
عندما اخترقت أحشائي،
تشبهُ صمتا قاتِما يموت
في نَفَسِي.
وكان صمتي نجمةً
أقبّل جبهتَها
وكان صمتُكِ، يا أمّي، صرخةً نَقِيّةً.

كان للصّرخةِ الّتي اقْتلعتِها من جَسَدِي
جسدٌ مماثل
لفصلِ الرّمادِ
كان عاريا.
بيدِكِ
الّتي حطّت بإرادةٍ على فِمِهِ
لِتخنُقَ نفَسَهُ، انتقمْتِ لي.

لا، يا أمّي، لن أؤخّرَ الأجلَ،
سأضعُ يدي على فمِ كلِّ صرخةٍ
تنفُذُ من أحشائي.
كلّ صرخةٍ أتتْ من صمتٍ
بحجمِ الكونِ
كلّ صرخةٍ لها وجهُهُ
وكلّ وجهٍ وُسِمَ بِظِلّهِ.
وضعتُ بيني وبين صرخاتي
مسافةً سحيقةَ العمقِ.
كانت هاجر تتبع خُطى
كُلّ من سبِقَها،
تقف عندما يقفُ،
يقلِقُها حضوره.
كانت تجمُدُ كالثّلجِ
عندما يطارِدها خِشيةَ أن يعتديَ عليها.
كان لها وجهٌ باهت،
ينمُّ عن حنينٍ مجروحٍ
مرآةٌ من النّورِ،
وجهٌ يعانِقُ وُجُوهَ أُخرَى،
نَفَسٌ غائبٌ مُنكبٌّ على حافةِ
أنفاسَ أخرى تغمرُها الرّهبة.

كانت تقول
أنا الصّرخةُ،
مجنونةٌ على عتبةِ الصّرخةِ
هذا المكانُ الّذي يُقال فيه كلُّ شيء، تُطلقُ فيه صرخاتي.
لا مدْعاةَ للاستغراب.
إنّها أجسادٌ أقتلِعُها من رَحِمِي،
تطالبُ باسمٍ.
كان الموتُ حافظَ سِرّي
لأنّي خبرتُه وخبرت الصّمتَ.
شيئا فشيئا تعلّمتُ كتْمَ صرخاتي،
تِلك الّتي تتحرّك في أحشائي،
متى قَتَلْتُها؟
صرخاتٌ ذات أجنحةٍ جريحةٍ،
صرخاتٌ خنقتُها بِيَدَيّ.
وهكذا أَزْهَرَ الموتُ في جسدي.

سنةَ الأقمارِ السّبعةِ
هاجر قطعة من الغياب
يَرْشُقُ نظرُها اليائسُ
حدودَ السّماءِ الجامدةِ
يُغنّي الغيابُ في هذه الأعماقِ
حيث تنَازلَ القلبُ.

تهبُ هاجر نفسها فرصةَ النّجاةِ
في مكان لم يَعد لها فيهِ وجودٌ.
هي تحْيَ في مرآةٍ،
في الهوَامشِ التّحتيّةِ
للأقمار السّبعة.

كانت تصرخ
أيّتُها الرّيح، أطلِقِي العِنانَ لهبوبك
وليَكُنْ بإمكان عَبَقِ
الريح والسّهلِ والبحرِ والحيطانِ
أن يَذْهبَ بهذه النّظراتِ ويبتلِـع هذه الصّرخاتِ!

كانت تقول
أنا أنزلِقُ
في عَمًى ما مِنْ شَأنه أن يذبُلَ
أنا أتحدّثُ إلى ما
يندُرُ أن يُزهِرَ في هذِه البلاد.

فِي الظّلِّ، فِي العتمةِ،
فِي زوايا الطّرُقِ،
يشقّ الرّجال،
من الطّرف إلى الطّرف
جسدي، جسد المجنونةِ
يزْرعون صرخاتِهِم
فِي أحشائي.

يذهب وقتي سدى
فِي اقتلاع هذه الصّيحات.
هل تذكُرين يا أمّي؟ لقد رأيتُكِ تقومينَ بذلك
أدخلتِ يدَكِ
داخل رحِمي وأنتِ تَترنّمين

فليكُنِ النّسيانُ صخرةً
لا تعادلُ الإنسان
إعوُوا يا سرب الأطفال
فأنا لا أحادث إلاّ ما يُزهِرُ.

هيَ فِي منتصفِ صمْتي.
حيث ينفتحُ الكتّابُ على العدمِ
والخلاءُ على غيابِ الزّمَنِ

الزّمنُ والكتّابُ مخطوطاتٌ على الرّملِ
ما يبقَى لنا
إنّما هو آثارُ ما سبقَ.
تسلّمنا كتّابَةَ الأَثَرِ المرفوض إلى ظِلّ الذّاكرةِ
ولأنّها ثُبّتَتْ في صباحِ الصّوتِ،
فقد ديسَتْ وحُجبتْ،
على وجهِها يَعْكِفُ المَنفى وينفلِقُ البحرُ،
بحرٌ بدون مسارٍ محتومٍ
في الظّلّ المُبَيّضِ للأنين.

يتمزّقُ الصّمتُ أمامَ المرآةِ
في متاهات نفسِ المِرآة،
يتكلّمُ الأنينُ من فمِ
الحرْفِ الكَبيرِ ويمنحهُ فراغ غيابهِ
المُرْتقي إلى المُحيط،
الجَريح في ضِيق آيتِكِ.
تُنظّمين فراغكِ
يقينٌ عذبٌ على حدودِ الواقِع
موعدٌ بلا جدوى يُفصحُ عنه.
رملٌ مجرّدٌ من عَريِهِ
لفظٌ من جملةِ الألفاظِ
مبهمٌ على منحدَرِ الموت،

لأنّ الحقيقة والكذبَ وطِآكَ
سَتظلّين الواقع الّذي لا يُفارَقُ

والملجأ الضّروري.

وتهمس هاجر
أمّي،

كانوا يقولون
إنّهم كانوا كلَّ الأنبياءِ مجتمِعينَ
والزّمنَ،
وأنّ مولد الطّفلِ قد حان،
كانوا يَحرقونَ البخورَ ويقرؤون
في ثنايا الشّجرِ أبجديّةَ اللّيلِ.
يَغْرِفون من البئرِ ماءَه،
يَغتسلونَ ويُصلّونَ
في انتظارِ إهلالِ سرِّهِم.
كنتُ أمشي نحو البئر بجانبِ الرّيحِ.

كان لطفولتي قمَرانِ وبئرٌ
قمرٌ في الأَعالي المُحيطةِ.
وقمرٌ في البئر.
يتسكّع على صفحةِ مائه.

تنتظِرني شجرةُ الزّيتون يا أمّي،
وما كنتُ أريد من طفولتي
سوى القمرينِ،
كنتُ أريد أن أمَسّ بيديّ
صباحاتِي الغائبةِ،
لكن لم يكن هناك اسمٌ للنّجمةِ الهاربةِ
كَصباحاتِي.
كنتُ أريد حمامةً، كنت أريد
أن أمَسّ بجناحيَّ الألمَ المُلَوْلَبَ.

كانوا يقولون إنّهم عابرونَ،
وإنّهمُ الصّمتُ الّذي يتربّصُ بالعالمِ،
والغيابُ
الحامِي لأغصانِ شجرةِ الزّيتونِ.

قال أحد الأنبياء
جاؤوا من نفس الشّجرةِ
من أجل نفسِ العصفورِ،
هاجر لقد استمْعتِ توّا لصوتيَ الميّتِ.

وقال آخر
بذرةُ اللّيل،

الجنونُ يتوسّط القمَرَ.
أَوَ يكون القمرُ فيكِ؟

وأضاف
هاجر، في مُنتصفِ عمري
حملت السّماءُ وجهَ القمرِ المُعَذَّبِ.
من أنتِ؟ إن لم تكوني تلك الّتي تموتُ.

همست هاجر
اِعلم أنّ لحْمِي يطالِبُ بِأبنائي
والوردةُ الّتي قُطِفتْ
ساعةَ الحلمِ العميقِ
تُهدّدُ اللّيلَ.

قال
إذن من أنتِ يا هاجر؟
إن لم تكوني الكائنَ الّذي هو أنا،
أنتِ الّتي تُطاردينني،
أنت الّتي تُفْلتين منّي،
أنت الّتي تَتيهين فيَّ.

قال عارف
وجه هاجر شقّقهُ الغيابُ،
وجنتانِ وجَبْهَةٌ مُتقشّرة،
وجه طفلٍ
نحتَه الزّمنُ نحتاً
زمنا بعد زمنٍ.
وجه من رمادٍ،
يحتضِرُ في صمتٍ رهيبٍ.
وهكذا في أوجِ الصّرخة،
تتفتّتُ نظرةُ هاجر المجنونة
إلى جُزرِ عذابٍ لا تُحصى،

تفتتح الموتَ وتحلّى بالدّموعِ
قَابِعةً في قصرِ النّسيانِ
تتشبّثُ بالنّهار.
تملأُ يدَها رمْلاً،
عيناها مُحدّقتان،
ترسمُ بساعديْها دوائر
وتهمِسُ

ترسم اليدُ ما لا يُرَى
ترى اليدُ ونتذكّرُ
ومضاتٌ بلا ومضاتٍ
بياضٌ على بياضٍ

قالت هاجر
أن ننْجُوَ من الأزرق، ومن الأبيضِ الشّاسع
ومن ريح الإيمانِ،
أن ننفُذَ من قِمِمِ الحقّ
والحقيقيّ
أن نَزرَعَ الشّكّ فيما هو مُفترضٌ
أن نختلِقَ الأكاذيبَ،
الخالقةَ للفوضى.
أن نُحيِي الخوفَ مجدّدا، وهو منبع كلّ شيء،
الخوفَ من أنفسِنا ومن الآخرِ،
الخوفَ من حُبّنا ومن وحدتِنا.
ونفجّرَ الاختلافَ
والتّماثلَ.
حُرّمَ عليّ أن أحبّ.

قال عارف
أسمّي وجهَكِ
أحلمُ بخيالكِ المُوَلّهِ
أسطّرُ فراغَكِ
كما نُحَنّطُ حيوانا
عصفورا، كنتِ.

وقال نبيء
على حافة ما ينقص،
ستسِمين حضورَك
ببراهينَ واقعيّة.

لكن هل من المحتّم أن تُذكّرينا
بأنّنا وُجِدنا،
بأنّنا وطِئنا عشبَ اللاّزوَرد،
المُحزِنِ نقصانُه،
المحزنة عتمتُه
الحقيقيُّ كالحقيقةِ الّتي نستخدِمها
كأكذوبةٍ وحصنٍ.

قال عارف
رأيتُ في عينيْكِ
قمم ما وراء الفجر،
خواتم بديعة، فضّيّة،
تلمع في مواربتِها وشكّها.

قال عارف
سرتُ نحوَها
في صمت الزّمن،
كنت أمشي نحوَها
في ذاكرة الآخرين
ينهملُ من يدِها الرّملُ والأحجارُ.
كانت تحكّ شعرَها، وتبحث في الرّملِ
كنتُ أنتظرُ، ألاحِظ قابعا في الظّلّ
كانت صامتةً كالنّسيان،
بهيّة كالنّجوم
الّتي لا نطالها،
هادئةً كقمرٍ ملعونٍ خُلِق للاّمبالاة،
ناعمةً كالنّعومةِ ذاتِها.
حركاتُها المتردّدة المُبعثَرة،
الطّائشة والمؤلمة تدفعنا للتّفكير في فزَعِها.
في خوفها من الحياةِ ومن الوجودِ.

كنتُ عند قدميْها كاللّيل بجوار القمرِ
في فستانَها الأسود أو ما بقي من سوادِه،
كانت تبدو قاسيةً ومتّزِنةً
في عينيْها المندهشتَين
إيحاءٌ بالجنونِ والغيابِ،
اسمٌ يَبحث في الرّيح عن اسمِه،
مجنونةٌ تبحث في جنونِها عن اسمٍ لها.

كان الأنبياء كذلك،
في الأعلى، في اتّجاهٍ مائلٍ،
عن قربٍ، تحت الجفون،
غرباءَ،
الواحدُ ضدّ الآخرِ، وجها لوجه،
عقلا ضدّ عقل،
هم أيضا كانوا قرابى
وبعيدِين
في طريقٍ يلُفّه البياضُ،
ينْهلُون من الفراغاتِ في صمتٍ،
يفكّون من فَوقِهم ومن تحتِهم،
بحُنوٍّ رموز اللاّشيء.

قال أحد السّالكين
الأفقُ هو، في الآن نفسِهِ، ما يراه الإنسانُ
بأكثرِ قدرٍ من الوضوح
وما لا يستطيعُ أن يطالَهُ.

في هذا الكون المتعدّدِ الجَوانبِ،
يقتفي الإنسانُ أثرَ
أوجُهِهِ الّتي لا قرار لها.

لا أحد يمكن أن يمدّ لنا يدَ المساعدةِ،
لا شيء يمكن أن يقود خُطانا.

قال عارف
أمام زَبَدِ ما قيلَ،
يظلّ اللاّمسمّى
وجها دون سمات
يظلّ اللاّمسمّى مشدُودا
إلى مفارقةِ الصّمتِ.
وأضاف
نحن وجوه صامدةٌ
في نهاية المطافِ،
لا أحد يفلتُ

من قانون الحكاية والكتّابة.

قالت هاجر
أحتفلُ بموتكَ
وتظَلّ كلمتُكَ يتيمةً لوجْهٍ
وجسدُكَ ملتحِفا بحجابٍ.
نحن مدينُون له باسمٍ،
اسمٍ مقطَّعٍ حتّى الموت.
إحساسٌ غريبٌ
يَتجدّدُ ارتبِاطهُ بعبقريّة الغيابِ.
رحيلٌ غريبٌ
حيث ترتع مُجدّدا سكراتُ اسمكَ.

مِنْ هذا الوجهِ
الّذي لا فمَ له، لا جبهةَ له، لا تجاعيدَ له ولا نيّرَ يُثقِلُه،
وُلِدتُ.

وأضافت

من هذه المندولين
الخاليةِ من التّضَاريسِ، من الجسدِ، أتيتُ.
من هذا الجسدِ العاري، من هذا الجِلدِ الممزّقِ،

من هذه الأثداءِ، من هذه اليدِ الممدودةِ
نحو صدَقةِ السّماء،
سماءٌ راقصةٌ،
من هذا الانتعاش بدون مِروحةٍ في صمتٍ
من هذه الآية وجنونِها المفاجئِ الغريب
تصبح ولادتي كِتَابة
تجتاح الزمنَ وتتحوّل إلى ترنيمة.

قصّة عجيبة هي هذه الولادة
سَهوٌ يسري في جوارح
الغيابِ.

يفتقد الإنسان لذّةَ
الذّكرى
كما يفتقد قوّةَ النّسيانِ.

ولينتصرَ لابدّ له أن يمحُوَ
أن ينسى أنّ هذه الذّكرى حكاية،

غدا سيفتقدُ مرارةَ أنّه كان.

لابدّ للاسمِ من تقاطيعهِ حتّى ينسُج
ثُمّ يفكّ ألغازَهُ.

يديرُ الاسمُ ظهره لكفن اللّيلِ
ليتأكّد من صيرورتهِ.
مجازٌ يحادثنا
طويلا
دون تأليهٍ ولا جنونٍ

بل هو كلام لا يُرى
خُطّ في الجسد

النّصّ والسّؤال يوجدان بلا هوادة في تيه الكتّاب
ورُبّما،
مع الأطياف والأشباح
تنغلق لغةُ الزّمنِ
وتُكتبُ حدود الرّباطِ من جديد،
رِباطٍ يكشف الإيمانَ
ويتضرّع إلى اللّيلِ والنّهار
أن يَعْدِلا عَن همهمات الآلهةِ.

هذا الرّبّ، المُحتَجَزُ
في أوهامٍ وأذهان
بشرٍ فانينَ،
المُلْزَمُ بمباركةٍ إنسانيّةٍ،
يسقط من السّماوات العلا
موعود بوجودٍ بالٍ للنّهارِ،
يكمن في لغزِ القراءةِ.
هناك،
حيث لا قدرة للنّظرةِ على تجنّب
غموضِ ما لا يُنسى،

ينصرِفُ عَن إصدار الأحكام.

هوّةٌ هي الّتي يُقيم فيها الرّبُّ،
حيث استقرّ الحرفُ الأوّلُ،
المنفى الفاخر للذّاكرةِ،
تلك الّتي تريد أن تتصالح
مع حقيقة الوجود المحتومةِ.

النّسيانُ عبقريّةٌ
لا تتوقّف عن دفع التّاريخ.

رهبةُ تَخيُّلِ حكايتنا
والتّفكير فيها وكتابتها
بما تتضمّنهُ من
فقدانٍ للذّاكرة
مكانٍ يتعاقب فيه النّسيانُ، العقلُ،
الاسمُ والرّبُّ.
في هذا العالم الضّبابيّ
في صحراء الوجود هذه الّتي لا نطالُها،
يُرتجَلُ الوهْمُ
وتتلاشى الكلمةُ.

حينها نتجرّدُ من ذكرياتنا،
من مِيتاتنا البريئةِ،
من الجُرحِ،
ونفكّرُ في تنسيقِ حياتنا اليوميّةِ
مع شاعريّتِها.

الكتاب الثَاني

أنصتوا إلى هذه القصّة
لأنّها قصّتي وقصّتكم
ذكرى لا تزولُ،
مُهداةً إلى سردٍ في حداد أبديّ.

عَرَفَتِ القريةُ الشّعورَ بالدّورانِ
وفقدانِ الوعيِ،
ورائحةَ البخورِ والعسلِ.

يُدير وجعُنا في كلّ لحظةٍ
وجهَهُ عنّا وكُرهُ الآخرِ
يَكْسِف شمسَنا.
نحن مطارَدون بالكتب المُبْهَمةِ
وستُهلِكُنا الإجابةُ
وشبيهُها.
سنفتحُ الكتابَ، هذا الكتابَ الّذي كتبه
شعبُنا الّذي يتمزّق ويخطُّ عذابَه بالدّمِ.
لا تنسوا أنّنا، ونحن نقصّ هذه القصص،
سنَكْتُب في الآن نفسه
على هامشٍ ما لن يُكتبَ أبدا،
حكايتَنا ...

نحن نتقصّى أثَرَ
ما يُسائلنا بإلحاحٍ وبلا انقطاعٍ،
هذا الجزءُ من القصّةِ يفرضُ علينا أن نهتمّ به.

مازالت الجروحُ القديمة تنبِضُ
على عتبة قلوبِنا
في حين أنّ الضّغائنَ
تُحيِي آثار خطواتِنا،
ضغائنُ تُفقِدنا الإحساسَ
بالحبّ والسّلام.

قال
يفتقد الإنسان لذّة الذّكرى
كما يفتقد قوّة النّسيان،

لا بدّ لذاكرتِكم أن تتلقّى
أثرَ شهادتي الّذي لا يُمحى.

سنحتفلُ معًا
بالغائبين.

نحن صورٌ غير قابلة للاختزالِ
في نهاية المطافِ
لكن لا أحد يفلتُ
من قانون القصّة والحكاية.

بدأت تفوح في قريتِنا رائحة
الموتِ والغيابِ.
هذه القصّة الدّفينة الّتي تُحاكُ
داخل هذه البقاع،
حيث المصيرُ الحقيقيّ للجميع،
نتأرجح بين الحلم والكابوس
بين الحياة والموتِ.
لا شيء ولا أحد يصمُدُ
أمام أهوالِ هذا العنفِ.
النّخلةُ، رمز العدل،
رمز العقلِ مقابل الغريزة،
تَسْتَسلِم للموتِ.
من الآن فصاعدا صار الكرهُ حجابنا.

نحن كتابٌ يجب أن يُكْتَبَ
ولكلّ كتاب مصيره.

وحدةٌ وعزلةٌ قاتلتَانِ
أنهكَتَاني وعندما أسافر،
ألاحظ،
إلى أيّ مدى تغيّر البشر
فأيّ فائدة يجنونها
من نشر الكره وسيطرة الجريمة؟

قال أحد الأنبياء
تنتمي هاجر إلى هذه الطّريقِ الّتي تَختلف،
تنْفي، تُفرّقُ وتشتّتُ.

وقال آخر
نقص في الكلام
نحن قريبون من النّقص.

نفْسُ المجنونةِ، نفْس المرأةِ،
نفْسُ الأسرارِ
الدّفينةِ في طيّاتِ جسدِها،
المتكاثرةِ من خلالِ الرّجالِ
للطّفولةِ نفْسِها.
والأماكن نفْسِها.

كالفراغِ الّذي ينادي الفراغَ،
والأدراجِ الّتي تنادي الأدراج،
هي تنجرِفُ
وتدعونا إلى التّيهِ.

نحن، طالبُو اللّجوء،
نحن، المنفيّونَ
بين هذه الظّلال المتراصّة بدون صبرٍ
بدون مكانٍ،
نسطّر كيفما اتّفق مُنحنَى المصيرِ المحتوم،
والآية الّتي تشقّ طريقها فِينا
الهاربةِ فينا ولنا،
لنا فحسب.

وفجأةً، ها هي سماء زرقاء،
وها أنّ هاجر تحلُمُ.

ينفتح الصّندوق على أحلامِها
ومن حفنةِ التّراب الصّغيرةِ
تنبت جذور زيتونتها،

وهي تهيم في أنحاء القريةِ،
غريبةً ولا تُعير اهتمَامًا لشيء ولا لأحدٍ
تصْرخ من حينٍ لآخر
اطفِؤوا الأنوار، الويلُ آتٍ
العذابُ والموتُ
مَشْفَى المجانين لنا جميعا.

قال الأنبياء
خاتم الحزنِ، مرآة الأعباءِ،
مسلوبون من ذواتِنا،
نحن ننكَسِر
في لبّ نظرتِكِ
ونستريح في قرارة ذواتنا
في انعكاسِ ظِلّكِ.

وأضافوا
جُبْنُنَا المرُّ المؤلمُ
يتراءى فيه
في عَرِي وفي تجرُّدٍ،
أنتِ الذّكرى، الذّكرى اللاّزمة
الّتي تكشِفنا لِبُؤْسِنا
عراةً.

قال أحد الأنبياء
تداعب اللّذّة المتسكّعةُ،
لذّة جنونكِ، بحضورِها
يأسي من الحياةِ وانتظارِ السّعادة.
عند مرورك تتحاشَاك أنظارُنا
أو أجسادنا لأنّكِ مرآتُنا،
الّتي كسَرتْها أوهامُنا.
عندما يتفشّى الكذِب في هذه الأرض،
ينبثق حينها جسدُكِ وصرخاتُكِ
وتظهر الأشباحُ المتعدّدة،
في قمّة حساسيّتِها لا صلابةَ فيها،
عاريةً كالقمر،
لِتسوِّل لنا إرادةَ العنف.
وأضاف
نسمّيكِ المجنونة،
وسمّيناك المجنونة
ولم يكُ ذلك إلاّ اعترافا منّا بضعفِنا.
لقد كرِهناك وخشيْناكِ،
احتفيْنا بكِ ثمّ طردْناكِ
خوفَ أن تفسِدي علينا الجلال،
وخوفا من هذيانِنا
حكَمْنا عليكِ بالجنونِ.

قال عارف
لا شيء يرتكِز على شيء
في صحراء الوجودِ هذه،
السّماءُ فارغةٌ والارضُ تَميدُ
واللّيلُ والنّهارُ يتجدّدانِ
أحدهُما من خلال الآخرِ.

وهمس أحد الانبياء
سرقْنا منكِ اسمكِ وضيّقنا عليكِ فضاءكِ،
غسلْنا وجهكِ بماءِ عقلِنا
وفرّقَ بيننا الماءُ.
نَحَتْنَا بطنَك،
ومنحناه شكلاً أجوَفَ.

اسمك مكانٌ مسكون،
ضحكةٌ مدوّية
تَعلّمْنَا أن نَنسى وأن نُهَدْهِدَ
صَرخاتِكِ حتّى تنامَ.
وقال آخر
لقد قيّدْنا كلمتكِ وسيّجنا ذاتَك
وتمكّنّا من اخْتطافَها من ضِفّةِ الزّمنِ،

من ضفّتِناَ وزمنِنا.
قال آخر
وأنتِ تعيشينَ جسدَكِ،
كقافيةٍ مُلَوَّلَبَةٍ
تنزَعُ إلى الانحلال،
احتفظْنا بدمعةٍ أو ضحكةٍ
ـ سيّانَ ـ
في الظّلِّ السّحي ي ي ق.

وأضاف آخر
وهكذا، على مقرُبة من وجهِكِ،
طلّقْنا
هوامش الأسئلةِ،
وفي الأنوار الأكثرَ خفوتًا، كان على البكاء
أن يعلوَ قبالتنا.
أنت حاضِرةٌ عندما نَسْكُتُ
ظِلُّكِ يطفو
كفاقدةٍ للذّاكرةِ بدون ماضٍ.

قال
ظِلّها يطفو في لهفةٍ إلى آخرِ قمرٍ.

هي تواصلُ مشية المجنونةَ،
كمرآة تتعطّش إلى الانعكاسِ،
يداها ترتعشان في منتصف أيّامنا،
صوتها يعلو في بياض حياتِنا.

قال
يلتقي جَزَعُهَا وضيقُها
على وِسادة أحلامِنا
فتُمشّطُ الكوابيسُ حينئذٍ من النّوافذِ
العُشب بالدّمِ،
والغابةَ بالشّكوى وتقرع طبْلَ الصّيف.

هي ذي تلتفتُ،
تسبحُ في سوادِ الأماكنِ المجاورة،
تترُكُ الزّمنَ للزّمنِ
تتسلّقُ الهضابَ، في دهْشةٍ من كِبرِها، تخلد إلى الرّاحة
ترجّح وزنَ الصّخورِ
وعند مرورها تحيّي الموتى.
نسِي الثّلجُ الألوانَ
والمخالبَ الّتي تُتلِفُ الذّاكرةَ.
كلّ شيء منطفِئ
ومِنكِ تتدَفّقُ ذَاكراتٌ قديمةٌ.

اعطيني
البعضَ من يومِكِ، هاجر،
عِريني
البعض من منفاكِ
لأستطيع السّفرَ.
امنحيني
بعض ما فاضَ عنكِ من الهذيانِ
حتّى أتمكّن من تحرير أحلامي
من قفص العقلِ.
اعطيني
البعض من لِحَاء جنونكِ
حتّى أتعلّم أنّ الوقت
هو لحظةُ هذيانٍ.
عِريني
من فِمِكِ نُسغَ الفصولِ
حتّى تتسكّع
شجراتُ عقلي.

على هذا الطوف الّذي يحملُنا،
لا أحدَ على خطأ أو صواب
جانٍ وفي الوقت ذاتهِ برُاء،

نحن لا نُقْلِقُ
سوى رُحَّلَ الفِكْرِ المارّينَ
الّذين لا نمنحُهُمْ
إلاّ قبورا لراحتِهِم الأخيرة.

لقد شيّدُوا اسمكِ
في حُروف المنفى
فهل سمِعوا أنّاتِ اسمكِ؟

هاجر،
أنتِ المنفيّةُ علَى قِمَمِ اليأس،
حيث يستريحُ ويتجدّدُ
الانتظارُ بدون انقطاعٍ

من بين قُضْبان الصّمتِ القديمِ
ترشُق
نظرتُها سطحَ الهاويات - المرآة -
المنفتحِ على عُذوبة طفولةٍ،
لا تُبصِرُ.
صمتٌ
لولادةِ صمت آخر
صرخاتٌ لخلقِ أنّاتٍ أخرى

ونحنُ نعبُر
أركانَ الحياة.
هي تلعق جروحَها النّازِفة
وتدفِنُ خُطانا
خُطانا القّابِعَةِ على عتبةِ أبوابِنا.

هي ترسُم دوائرَ
على أبواب قصورنا،
تُسجِّلُ اسمها وكأنّها تريدُ
أن تستمِدّ انتعاشة الحياة من وجوهِنا،
في غرابةٍ من الخارج ومن هنا،
تغرِس الدّوارَ
في أغصانِ أشجارِنا.

هي لا تُعلِنُ عن وجودِها،
تهيم ثمّ تظهَر من حينٍ لآخر،
في زوايا الطّرقاتِ.
مذعورةً أو مرتعِشةً،
تُواصلُ مشيتَها المجنونةَ
نحو زرقة القِمَمِ
بين الدّيار العاليةِ،
تصرُخُ أنّها في تابوتٍ

وتحت النّجومِ المتناثِرةِ، تخشَى
سقوط صخرةٍ على جثّتِها،
ومن الرّيح تخشَى
أن يُسقِط بتلاتِها.

إن كان لابدّ من ملاحقتِها
إلى ما بينَ حناجرِ الصّرخة،
فلنُطفِئْ إذن شموعَ الفجرِ،
ولْنَفتحْ أفواهَنا للشّمسِ
ولْنجُرَّ كلَّ وعدٍ بطرَفِ حبلٍ.

يرتَدي الجرحُ ثوبَ
جراحٍ قديمة
في ماهيّة الزّمنِ.

أعِدُ ابتسامَتَكِ
ألاّ أنسى وضوحَ عينيْكِ
أعِدُ وجهكِ ألاّ أنسى.

صوتٌ يدوّي بين السّماوات،
نهايةُ العالمِ تحمل شَعْرَكِ،
ورغم كلّ ذلك يا هاجر،
فلا حياةَ لي من بعدِكِ،
لا في الجنونِ،
ولا في الصّباحاتِ الشّاردةِ،
ولا في التّيهِ،
سأسلُكُ عبر المتاهاتِ
فالأغاني لا تبعدُ كثيرا عن صوتي.
أحملُ وحدي عبء وجودي
ووِحدتي في موتي.

هاجر،
لابدّ أن أتفادى ما أبحث عنه
حتّى يتسنّى لي الفهمُ.

الكتاب الثالث

هي ذي،
يتواصل فيها هذا الإشعاع لفراغٍ غريب،
لا سُرورَ في نظرتِها المختلِجةِ،
ولا في فجرِها التّائه،
هي ذي تنتظرُ الطّريقَ
المؤدّيةَ إلى الأفقِ ولا تكفُّ عن الضّياعِ.
ومن أيّامِ الرّمادِ هذه،
لم تنقطِعْ أبدا عن ترصُّدِ الأحْلامِ
الّتي تزهِر بدونِ حَمَائمَ.

قالت
ملعونةٌ هذه الأرضُ

أرضُ الجرحِ، والحِدادِ.
فلْترتجِفْ أجفانُ جميعِ الصّباحاتِ.
فلْتأْتِ الأزهار فقط،
أكثرُ حمرةً من الأرضِ،
أكثرُ بنفْسجِيّةً من السّماءِ.
ملعونةٌ هذه الأرضُ
والزّمنُ لا يلد إلاّ الزّمنَ.

وختمت قائلة
منذ أمدٍ طويلٍ لا يغنّي الأطفال
إلاّ للحِدادِ،
إلاّ للنّجومِ القاتِمةِ الّتي تُغطّي أجسادَهمْ.
وتُقبّلُ النّساءُ صمتَ اللّهَبِ
تحت قرعِ طبولِ الشّمسِ،
لِأنّهنّ انتظرْنَ المطرَ طويلا.

رتّل عارف

بين سبعةِ أقمارٍ
القمر
بين خطوتين
بابٌ
أنين منها
حريّ بك
الجناح منهم
يُختلج
مُنحدَرٌ
تحيط بها، كلمةٌ
فقط، باب
موصدٌ
بينها

شغافٍ
نحو وحدةٍ أكبر
نحو ليلةٍ مستعبَدةٍ
كنتِ تسيرين يا هاجر

وأضاف
التّيه
يشتدّ عمقا
وهي ساهرةً
على حافتهِ
من الغدِ، كانت
ليلةً بلا حمْلَةٍ،

تجاه أرواحَ يعْوِزُهَا الحضور
اتّجهْتِ نحْو الجسدِ

لا عمر لكِ
تسيرينَ نحو عمركِ
لا اسم لكِ
وتستقرّينَ في اسمك
قليلون همُ الّذينَ سينسون اسمك
كثيرون همُ الّذين سيحمِلُونَه.

ماذا عن منفاكِ؟ ماذا عنكِ؟
الرّبُ، أنت أيّها الرّبُّ، لقد تحدَّثَ الرّبُّ،
لقد قرّرَ الرّبُّ.
سيّدٌ من بين الأسيادِ،
إنّه يتذكّرُ ماضيكِ الأبعدَ،
خوفَكِ الأبعدَ.
صحراء، قريةٌ وأَمَةٌ.
تحت الشّجرةِ، في ثناياها،
أعلاها، بين الأحياء،
مشيتِ.
خلال الدّوار، بين الأشكالِ.
شرارةُ إنسانيّة -
الإنسانيّةُ الأولى ـ كنت
في فراغ الرّبِّ وُلِدَ الرّبُّ.

مَنْ مَشَى في أحشائكِ؟
بَذَرَ فمُكِ الرّيحَ،
فمٌ مفتوحٌ أمام جرح الرّبِّ.
يحيطُ به، الوضوحُ،
ويُحيطُ به النّحيبُ أكثرَ.
في المقابلِ، بعيدا، بعيدا
البذْرةُ.

أيّها الرّبُّ، أنت أيّها الرّبُّ،
لا تكنْ أكثرَ غُفرانًا لنفسِكَ
كلُّ ألمٍ يسْهرُ
ثابتًا وسط قصّتِكَ.

أيّها الرّبُّ، أنت أيّها الرّبُّ! يا مركزَ المركز،
أنت ليلة جريحة
وهاجر تهيم أُمامَ نوركَ، ليلاً.

تتوهّج الشّمس
بعيدا، فوق الجبال،
يُخيّم
اللّيلُ، فنسمعُ
أنّات ونحيبٍ.
نفوسٌ مهمومةٌ
تتعقّب آثارَنا.
لم يعُدْ هناك مجالٌ للرّاحةِ. يحفِرُ
اللّيلُ نافورةً من دموعٍ.
وتسهرُ الرّيحُ المجنّحَةُ النّائمَةُ
على الهمساتِ الجنائزيّةِ.

وماذا عنها!
يحمِلُ اسمها الحِبرَ والصّمتَ

شيء محَرّمٌ لا محالة

يقترِنُ وجهُها بوجوهٍ أخرَى
يُروّض جسدُها لغةَ الآخرِ
وترفض كلمتها اللّغات.
أضاف عارف
أن نفكّرَ ونتخيّلَ الجنونَ
فذلك يحتّمُ علينْا أن نُقْدمَ،
أن نَفهمَ وأن نزور مكانًا
ـ سِمَةً تُلازمنا
كلّيًا، نتّخذُهَا مُسْتقَرّا لنا ـ
مرآة تأخذُ القصّةُ فيها مظهرَ
وداعٍ لذواتِنا وللمُحيطين بنا.

الإتّباع هو مصدرُ موتٍ.

وهمس
الآخرُ، هذا الفضاءُ الّذي يصوغُنا،
يُصوّرُنا، يسحَرُنا ويفِرّ منّا،

ما هو إلاّ غموضُنا وغموض
المأساة
الّتي تُنظِّمُ وجوهَنا.

كنبعٍ جارفٍ وبدون حدود،
يُسَاعِدُنَا النّسيانُ حتّى وإن كان خاطفًا
على إكمال طريقِنا.

صوتي هو صوتكِ يا هاجر،
وجهي هو وجهُكِ.

الكونُ مرآةٌ
تتراءى فيه كلمتنا،
ويأتي النّورُ والظّلُّ للانكسارِ على عتَبتِهِ.
ظلّ ونور.
اللّيلُ هو الزّهرة وبتلاتها،
ضِفافُ السّؤال.
أنتِ بتلات النّسيانِ،
أعَرْناكِ كلّ الوُجوهِ.
انسَيْ صوتَكِ،
فكلُّ كلمةٍ تفتكّينها من صمتِكِ،

تداعِبُ جرحًا تتنبّئين بِهِ.
هجَركِ صوتُكِ لِيَلْتقي بصوتِهِ.

يُخفي اللّيل عنّا اللّيلَ،
عندما تغرس أيادينا الرِّجاليّةُ
صمتًا.

في هُدْبِ اللّيلِ القديم،
اكتَسَحتْ شجرةُ التّوتِ الشّكوى.
تركْتُ يدَيّ تَميلانِ
على مملكةِ شجرةِ التّوتِ هذهِ،
وجنيتُ كلمةَ ظِلٍّ،
وكلمةَ وضوحٍ.

وجهُكِ، وجهٌ معهودٌ
نرجو إنقاذَه فَيُضيّعنا
وجهٌ بلا وجه
وجهٌ وُهِبَ الحياةَ والموتَ،
تكفي مُداعبةٌ واحدةٌ لِنَفْقِدهُ،
وبردٌ قارسٌ
لنشعُرَ بدِفئِهِ.

وأنتِ تنشُدين أثَرَ أحزانِكِ،
لا شيء فيكِ يموتُ،
أشْبِهُكِ في كلّ ربيعٍ فائقِ الوضوح
وفائق الاعتدالِ.

كان المكان الّذي ننامُ فيه
حبًّا نسْليًّا.
مازالتْ أعيُنَ الفجرِ مغلقةً
ولا أحدَ يرى.
كان الرّماد يتسلّق
لِملاقاةِ الألوانِ
التي تسمح للنّهارِ بالانبثاقِ.
اذهبي إلى الملجأ الأليمِ
حيث يغتصِبُ الإنسانُ المَقرَّ،
في أعماق النّهار،
في وضحِ النّهارِ، كآخرِ قمرٍ
يلفُظه النّورُ،
في وضحِ النّهارِ
حتّى العجزِ عن تمييزِ الخطِّ.

كنتِ أنتِ وكنتُ أنا، وما زلنا كما نحنُ.
وكان ذلك يتلاشى، يتبدّدُ،

يُلمسُ ويُداعَبُ.
وهذا أيضا كان أنت وأنا.

ويدور اللّيل،
ثمّة شيءٌ يزُفُّ اللّيلَ،
لا أحد يعرِفُ ولا من يتكلّمُ.
تكتبُ يدي مزاميرَ في الهواءِ
على مخاوِفكِ المضمّخةِ،
كنتُ بينكُما أنتِ وأنتِ.
وكانتِ العين تمتثِلُ
من خلالِ صمتِ هذا اليوم،
من خلال ما كان غير قابلٍ للتّسمِيةِ
وأضحت تسميّتهُ ضروريّة أكثرَ من أيّ وقت.

لا صوتَ، لا أحدَ.

يبتسمُ البابُ العتيق في يأسٍ،
لا أحد يهتمّ.

اتّجهي إلى العين السّاكنة في الغيابِ
وخبّري من أين أتيتِ
اعطيني يدكِ لألمَسَها
دون أمسِ الغدِ، كلّ شيء في اليدِ
يحرِّكِ الزّمنُ إلى ملجئِ الزّمنِ

ارتفعي نحو أعلى الأمس
نحو أعلى الأعلى
دون أن تقولي النّورَ
ابحثي بدون كآبةٍ بين يديْكِ
أنت قريبةٌ، أنتِ أقربُ
كلاّ، عليكِ أن تَعْدِلِي عنِ الضّفائر والشّمعِ
أنتِ قريبةً، بريئة في قربِكِ

همس عارف
نومُ العادلينَ

غرقٌ

انسَيْ الحاضرينَ

وقدّسِي الغائبينَ.

من ضحكةٍ إلى ضحكةٍ، ترْتعِشُ أعضاؤها،
وبين ليلةٍ وأخرى،
تستمِيلُها نظراتُنا الغريبةُ،
وفي ساعاتِ غرقِها،
في مياه الجنونِ واللاّعقل،
كانت هاجر تعبرُ نهرَ
الجُروح القديمةِ
مع أمثالها،
تصطدم بأرقِ الآخرينَ.

بين شموع الاحتضار
وأوراق الأصوات المُبهمةِ،
يواصل جسدُها نسيان الأنّاتِ.

وهكذا ستُطارِدُ إلى أجلٍ غير مُسمّى
في قصفِ البروقِ،
آثار النّسيانِ الّتي تلعنُ
الحُرُوقَ.

هي ذي المرآة الّتي طالما اشتهيْتِها.
لا جروحَ
تترسّخ في المرآة.

أضاف عارف

ستسيرين من وجهٍ إلى وجهٍ
في اللّيالي الدّفينة في صرخاتِكِ،
امرأة تستعِدّ لتُولَدَ من ذاتِها.

في الجروح الّتي تحزُّ جسدَها،
يبكي الغائبونَ.
كَلَيالينا،
ينتظرُ الغائبون منّا المُحادثةَ.
لنا أشياءَ كثيرةٌ نقولُها لهُم عن أهلِكِ.

قال رجل عجوز
جَمَعَتْ لنا شَتاتَ الصّمتِ،
وبقبضتِها الأخرى الغياب.

تبقى هاجر، تلك الّتي لا تعرِف
من اللّيلِ والنّهارِ إلّا الخوفَ،
والوضوح
الّذي ينتهي بالصّمتِ.
تنتزع اللّيلَ من اللّيلِ،
وعلى حلمتها،
تنتظرُ الكلمةَ ـ الماءَ المفقود.
هكذا تُذكر هاجر المجنونة.

همست وقالت لي
أموت لموْتِ أهلي
وأحتضرُ لاحتضارِ الأرضِ
ألتفتُ إلى مكان
منه يأتي جرحٌ قديمٌ قِدم العالَم لِيَتعفّن،
تحمل أمّهاتي طعمَ
المنفَى، وغبارَ الرّصيف الصّخريِّ،
أشكالُهنّ تَشِي بالغيابِ.

من منفَى إلى آخر،
يأتي الغيابُ ليلفَّ في حِذْقٍ
وقفاتٍ وملاجئ ملوّنةٍ بالبعد عن كلّ شيء.

يفتَقِدُني الجميع،
والبعضُ يكِنّ لي الكُرهَ ويَوَدُّ
إخمادَ صمتي
في أدراج جَهَالتِهم.

يَنتظِر اللّيلُ ليلَكِ
لأنّه سمّاكِ ليلةَ العرْشِ
ولأنّني حيِيتُ في عينيْكِ،
لم أر الآخرين يموتونَ
وأضحت نجمةُ ماي الجامدة
مقبرةَ الآلهةِ.

أنتِ بتلةٌ ليليّةٌ
انتُزعت من العُشبِ،
شجرةُ ما لا يُسمّى
ما لا اسم له في العناقِ

كالغياب في النّدى،
اللّامع، الفضّيّ
صوت هامس يحتمي بشجراتِ الأوكالبتوس،

أبعد من اللّيلِ
ليلُ عشبٍ
موتٌ في العناق.

ويعلّقكِ الثّلجُ على أنفاسِ الخبُزِ،
رمادٌ يُزهِرُ
الثّلج ثانية
هو ذا الثّلجُ يُزهرُ،
والفراشةُ تبكي على العُشبِ.

اسمك، يا هاجر،
ربّما الغريبة ـ التّائهة،
يسكنُ جسدي،
فِيَّ، في منفايَ المُدلّلِ.

ذري مقرّي
يُفاجئك فجرًا،
ويلُفّكِ قوسُ قزحٍ
ربيعيّ الدّفء.
هيمي يا هاجر، وغريبةً اسكني مَنزِلِي
ولأنَّ المطرَ ينهمرُ،
ويُمطِرُ في ذاتِكِ،
يَبكي العُشبُ الفراشةَ الّتي تُشيرُ إليهِ،
ولا تنام عيناها.

هي ذي السّماء تتسلّقُ
إلى عينيكِ اللّوزيّتين،
والحجابُ المُنْتزَعُ يَنشُرُ النّورَ
وانتِظارُكِ مُعلّقٌ في الفراغ.

تقولينَ إنّكِ تسمعينَ
صرخاتٍ تشبه صرخاتِكِ
إنّها صرخاتُ الأزهار وهي تذبلُ
وصرخاتُ الألم الطّيِّع
لصباحٍ يموتُ.

أنا أتكلّمُ باسمكِ وباسمِي،
باسم شُعاع ساعتِكِ النّديّ
لا أحد يَنشغل بك في أيِّ مكانٍ.

أنا أتكلّمُ عن حياتِكِ وعن موتي.

الصّمتُ يلفُّ الأماكنَ المحيطةَ
ونحن نهرَم كتمثالٍ برونزيٍّ.
للصّباحاتِ أسبابٌ للإيمانِ.
استمِعي إلى يقظةِ الصّباح
ورفيفِ ستائرِه.

قال شيخ
جرحٌ مختومٌ يُشرقُ
ويغربُ على القمرِ.

انظرْ إلى وجهِها
وجهٌ يسكنُ
جراحنا وفراغاتِنا.

أُنظُر إلى هذا الجسدِ، ففي ارتعاشتِهِ
يجتاحُ أجسادَنا
ويسكنُ أنّاتِنا.
إنّه مُبعَدٌ عن طرقِنا.
ياللهُ من حضورٍ غريبٍ نستميتُ في نسيانِهِ.
حضورٌ منفصِلٌ عن آثارنا.

تبتسِمُ فنقولُ عنها
إنّها تلك الّتي تهيمُ
من وجهٍ إلى وجهٍ.

قال عارف
كنّا أشياءَ صغيرةً،
أشياء صغيرةً هائلةً نتذكّرُ
نضارة الفراغِ،
ولونَ البدايات،
كنّا أشياءَ صغيرةً مُمْحاة،
شتاتا من الجملِ
- هنا وهناك -
أملنا الوحيد
أن نتركَ غيابَ النّجومِ يتلاشى.

وأضاف
أشياءَ صغيرة هائلةً تَستسْلِمُ لأن تُقْرأَ
في مَشهدِ الغيابِ السّميكِ.

وسيتجلّى الأبيضُ أبيضًا.
وسينضمُّ الأبيض إلى كثافةِ ما هو مرئيّ.
لكن الفراغ لن يكون هو البياض أبداً.

ونحن حكاية
تتنبّأ بحكاية أخرى،
قطيعةً - انكساراً -

ضاعَتْ بلا حَذرٍ في العقلِ.
ربّما كان ذلكَ أنتٍ!
أوراكُ الوِحدةِ المُكَسَّرةُ.
أو ليستْ هي،
الهزيمة المُضطرمة للأفق البعيد
ـ لأقصى العلوّ ـ
الّتي تصطدم بما يستحيلُ علينا؟

بين سماءٍ ورملٍ،
كَأنَّ بياضا احترقَ،
ظِلّاً اتّخَذَ من الوعدِ مُعْتكَفًا.

نحن هذا الصّمتُ الّذي يطولُ،
عند اقترابِ النّحيب،
والزّفرةِ الّتي لا تَسْتسْلِمُ.
نحن نشبه أنفُسنا
ونشبه حقيقةً
يُؤجّجُها صَدانا
ـ كِذْبةُ البدايات.

أرفضُ المدّةَ
لأنّ الأشياء تدوم فيها كثيرًا.
أقرأ في زفرةِ عينكِ الفارغةِ
ـ أفقًا أوّلَ.

كان الطّقس يومَها أزرق.

الكتاب الرّابع

تتبعُ هاجر، عن بعدٍ،
كلّ رجلٍ
يقَع نَظَرُهُ عن غير قصْدٍ
على جسدِها الممحى.
لم يكن باستطاعتنا أن نُدْرِكَ لماذا
كانت تُزْهِرُ على وجهِها ابتسامةٌ مغتربةٌ
ولا لِمَ تخترقُ عيناَها ذاتَيْ الانعكاس الأسوَدِ
الفراغ اللاّمتناهي.
كانت تتعقّب خطواتِ الرّجلِ
الّذي يسْبِقها،
تقفُ حين يقفُ
يُقلِقها حضورُه.
وجهٌ ممْحى، يقْطُرُ
حنينا،
مُعرّى، مجروحًا
في مرآة النّور.

وجهٌ يعانق وجها آخرَ، غائبا.
نَفَسٌ مَرْشوقٌ على حافةِ
نفَسٍ آخرَ خائفٍ.

سنةُ الأقمار السّبعةِ.
واسعةٌ هي السّماءُ، عميقة الأغوار،
على حافتيْ الموت.

زَرقةْ المجنونةُ، الزّرقاءُ،
هاجر الّتي أضْحَتْ لا ترى إلّا اللازوَرْدَ،
قطعةً من غيابٍ.
تشيرُ نظرتُها المشتّتةُ،
إلى حدودِ السّماءِ السّاكنةِ.
يغنّي الغيابُ
في هذه الأعماق الّتي اسْتَسْلَمَ فيها القلب.

ويصرخ الأطفال

هاجر المجنونةُ تتبع كلَّ من ينظرُ إليْها.

يُعْوِزُهَا حظّ النّجاة
حيث انْعَدَمَ وُجودُهَا.
هي تَحْيَ في مرآةٍ من نورٍ،
في الحدود السّفلى للأقمار السّبعة.

تساءل عارف

من تكونين، آه أيّتها الكلمةُ، آهٍ يا هاجر؟
سوى تلك الّتي تتغَلغَل وتمزّقُنِي
في صمتي.
موعودة بالمحيطِ،
مجروحةً في ضآلةِ آيتكِ،
تُنظّمين فراغَكِ.
آه من تكونين سوى
يقينٍ
حنونٍ
على شفَا
الو
اق
ع،
أجلٌ بيّنٌ لا نَفْعَ منه؟
رملٌ مسلوب من عرْيِهِ.

لفظٌ من بين الألفاظ،
مُبهمَةٌ على هاويةِ الموتِ،
ستبقين، وقد وطِأتْكِ الحقيقةُ والكذبُ،
واقِعهم الّذي لا يفارقُهم
وملجأهم المحتوم.

لم تعد الشّمسُ سوى نارٍ حاميةٍ،
قُرْصٍ دائريّ يغُرِق الفضاءَ
بلونٍ صامتٍ،
يتوقُ إلى الأفق
ويجذِبه إليه،
حلقةَ ذِكْرَى
تحوِّلُ البداياتِ إلى أساطير،
وتميل إلى أخذ الرّوح الحيّةِ
نَحْوَ انفتاحٍ ليْليّ لِلّاوجودِ
تحمله الرّيحُ إلى اللّيلِ،
ريحٌ تَهْمِسُ هَمْهَمَاتٍ،
همهماتِ موتٍ،
حلمٌ يمتدّ
فوق الأجساد والأرواح،
من الجانب الآخرِ للقبور،
للأمواتِ والمجانينِ.
وراء الحائط الأبيضِ،
تختفي الشّمسُ وها نحنُ.
لعلّ العالم السّفليّ،
عالم هاجر اللّيليُّ،
يميل ناحيتَنا.

إضاءة ظلمة النّهارِ،
إضاءة نارِ النّهارِ.
وطِئتُ بقدميّ الظّلمة والنّارَ.

غدا سيسقط
مِشْعَلُ الوضوح الهائلِ
مع بصيصِ النّورِ الأخيرِ
في نهاية النّهار العجوز.

وعندما ينطفئ النّور،

نتبرّأُ،
نعترف ونتساءل.
نتعلّق مُنْبَهِرين بالكلمةِ،
بالإنسان وخَلْقِهِ.

سلسلةٌ من النّكباتِ، من الاخفاقاتِ
والتّساؤلاتِ،
فهل كنّا نتّجهُ نحو شيء آخر سوى الموتِ؟
السَبَبُ الّذي لا يوصف للوجود والإيمان.

همس عارف
أَوَ لابدّ من اللّيلِ للنهارِ؟
هلّا وجبَ علينا أن نكون في صورة نهارنا
وصورةِ زَبَدِهِ.
ما خطرُ الحياةِ إلّا تَوْقٌ
ينكسِرُ على ضفاف مقاطع الكلمةِ
كلّ شيء أبيض
كلّ شيء حُلْمٌ
يسْتَسْلِمُ إلى بياضِ النّوم.
وحيطان النّوم تُسْلِمُنَا إلى الرّبِّ.
إلى رَحِمِ العدمِ.
النّارُ والسّماءُ حجرٌ وصدفةٌ
في عناية الرّبّ العليّ
لا نعرف كُنْهَهَا.

لا منفى في الصّدفة.

وقال
لنا ألاّ نترك هذا الوجودَ دون أن نضيء صفحةَ أيّامِهِ
لكنْ لِلِقاء النّورِ،
كان علينا أن نكون غُبارًا.
كلّا، بل نورا معتِما.
نورا لا أكثر.
اليَقَظةُ صدْعُ خوفٍ
في شطب الزّمنِ،
ما يُرى في النّورِ
ويثوي في شبه ظِلِّ الانعكاس.

قال
انعكاسِ الوجهِ الأوّلِ،
وقال آخر
انعكاس النّورِ الأوّلِ
تحت الأمواجِ، في محيطِ النّور،
لا يبقى إلّا الانعكاس.
صمتٌ يقرِضُ الوضوحَ،
بياض حلمٍ،

غشاء بكارة ليلةٍ،
نورُ نجمة هاربةٍ،
باختصار، سديم حلمٍ.
ليلٌ يَلِيقُ باللّيلِ.

كان الصّمتُ قريبًا جِدّا
والطّنينُ أقربَ ما يكونُ.
كثيرة هي المنافي الّتي تختصر لنا
الأكفانَ!
حينَها تتجذّر الزّفرة
مرّة أخرى
في مستنقع اليوم الغائب
جذورٌ تَذْهَبُ بالرّغبةِ في البحثِ عن الآيةِ
وتمُدّ يدَها إلى وُرود الزّفرة الرنّانة.
تَتوقّفُ هاجر، وقد خفّ حِملها،
بيد تمتدّ ببطء
نحو مسارِها
الّذي ما أن تصلَ إلى نهايته حتّى يغيبُ.
ما كانت في حاجةٍ إلى أن تُرى،
بل كانت ضروريّةً للرّؤيةِ.
أبدا لا حاجةَ لها أن تُرى.
كانت تتسلّق النّوم، وعند عودتِها،

قَلِقَةً،
تقصّ أسرارها في خضوع.
تلك هي.
ونتسلّق أكثر، هي ذي على قِمِمِ
الانشقاقِ، نتسلّق أكثر.
ولم تعدِ العين تَرى،
إنّما أضْحتْ تقول كلمةً،
كلمةً جافّةً، دمعةً رنّانةً.
ومن جديد تسكنها سماءُ حارقةٌ،
إنّها تتنفّسُ اللّعنةَ والصّمتَ.

نهايةُ يومٍ غامضةٍ،
لحظةُ لغزٍ
حيث يطلِق الأفق كلّ صمتِه ليهيمَ.
يثير اللّامُتناهى شكًّا
في النّقاء السّريع الزّوالِ.
وفي حيرةٍ من أمره،
يضرِم الإنسانُ النّارَ في نفسِه ببطءٍ،
كاتمًا شكوكه في صدرِه،
يموتُ اليومُ ويُولَدُ من رمادِه،
يكشف لنا في كلّ وقتٍ
وجها مختلِفا.

تغوص المجنونةُ في عتمةِ اللّيل،
في الهُوّةِ
لكن لا أحد يهتمّ بعد اليوم.
سهلٌ مُعرّى

سهلُ رمادٍ،
باستمرار هو
مَوْكِبُ ألمٍ.

قالت هاجر
أمّي، أنتِ تنامين بدونِ شكٍّ
بينَ العِظامِ الجافّةِ لصرخاتي.
لْم تعدِ الأرضُ تقوَى على حمْلِ نصيبيَ الثّقيلِ.
سيظلّ غيابُك موسوم في
عِناقي.

لا أنقطِع عن المشي في هذه الأراضي،
عن الصّراخ أمام رجالٍ ضائعين وتائهين.
لقد تراجَعوا بجانب الأفُق
من صحراءَ لأخرى،
يحضُنُ الموتُ كلّ مكانٍ،
وما بعد المكانِ.

هي المفتاحُ الضّائعُ،
مفتاحُ الكلمةِ وما خَلْفَ السّماء.
كان صوت هاجر يرتفِعُ عَاليًا
ويذْهبُ بعيدا.
لا نستطيع الوصول إليه،
لا أحد يستطيع الوصول إليه.

بين صمْتين بصمةٌ بلّوريّة،
يُجَدّف صوتُها إلى الأعلى،
يَعْبُرَ بياضُ الزّمنِ
دائمًا نحْوَ الأعلى.

صوتُها عصارةُ جرحٍ حيّ
ونَفَسُها عصارة ألم منفرد
المجنونةُ، المجروحةُ المجهولةُ
في ثوبِها الوحيدِ الممزّقِ
بين أنّاتِها،
قيل إنّ قدرَها
أنْ تُنْذَرَ بالجنون.
لقد أتتْ من فجرٍ نادرٍ
لا أحدَ يستطيع انتهاكه،
بريقٌ ملطّخٌ بالوضوح.
مرآة تجسّدتْ
في أوراقِ الأسفلِ،
في بياض الزّمن،
تسقط وتثوي في أعماق النّظرةِ.

يتّجه النّهار بأجفانه نحوك
يا هاجر.

رتّل عارف

العينُ

اللّيلةُ الّتي لا تكفي
انحناءٌ
مشهدٌ
قلقٌ ينساقُ مع التّيّارِ
يمْحو حضورا بحضورٍ
الوصولُ إلى المركزِ
الطّفولةُ مَشْهَدٌ
الاستعداد للحفْرِ
هو يستجيبُ
والآخر يحفِر

اللّيلَ يزرع
من ينتظر؟
هي تعيد الخلْق
هذا اللّيل يفتَقِدُهُ
يتكاثر اللّيل
الانتظار
كلّ خُطوةٍ تساؤل

يتفتّحُ اللّيل
للغناءِ

حديقةً لتسائل مسارَنا

ما هو له
الصّمتُ
الوردةُ
الصّورةُ
ولا حتّى لماذا
لم يعد يتذكّرُ
يتكرّرُ الصّوتُ قبل أن يتأخّرَ
ما وراء الألم، ما وراء النّسيانِ
ما قبل المكانِ

ورودٌ بيضاءُ
كلّ بتلة منها
تملِك شكّها

تزرعُ الأرضُ
صمتَها اللّطيفَ

أو لم أعِشْ إلّا على قممِ الغياب

من صدْعِ القدَرِ الّذي يهترِئ
يروّض الجسدُ اللّامؤكَّد

صمتٌ من حرير
فجرٌ من زبدٍ
بحرٌ من رمادٍ

ندمٌ
ضحكةُ الغدِ العذبةِ

الصّمتُ
اقرأْ فيما يمنحك اللّيل

ويومًا ما
في التّيهِ
فيما لا يُمحى

يزرعُ الموتُ حول الخُطى
جُذورَهُ.

عقد من الكتّابات
طريق وعر
هو هذا المكان الآخر
أفق صيغ كقوس وخطّ بدئيّ
كالنّون في الأبجديّة الأولى
الكلّ مترابط

ويجمعنا هذا النسيج
بدورنا

المسافة على مقربة منّا

وها نحن نتصفّح المسافة
لنقرأ ما خطّه النّسيان
من أثر لا يقرأ

لتحتضننا المسافة

خارج الماء
الجُرف مرآة

لكلّ اسمٍ جزيرة
لكلّ جزيرةٍ نسيان
والجُرف يشهد على ذلك

جُرفٌ نسيهُ المحيط

كان اسمه
جُرف الزّبرجد

الجُرف طفولة الماء
والماء في تأمّل

وحده الماء يحفظ نفسه من الماء
هو كان جنب الجزيرة
والآخر كان يحيط بها
كمرآة

عدد لا يحصى من الأجساد
الملتحمة

يبدي لها الرّمل
الخوف
والانتظار

في الأفق الآخر للخوفِ،
يوجد الإنسان،

ماذا سنفعل بالإنسان